HELENA BEATRIZ JUENEMANN

Viagens à luz do Divã

Crônicas de Viagem

Editora AGE

PORTO ALEGRE, 2021

© Helena Beatriz Juenemann, 2021

Capa:
SIMONE GUERREIRO

Diagramação:
MAXIMILIANO LEDUR

Supervisão editorial:
PAULO FLÁVIO LEDUR

Editoração eletrônica:
LEDUR SERVIÇOS EDITORIAIS LTDA.

CIP-BRASIL. CATALOGAÇÃO NA PUBLICAÇÃO
SINDICATO NACIONAL DOS EDITORES DE LIVROS, RJ

J87v

Juenemann, Helena Beatriz
    Viagens à luz do divã : crônicas de viagem / Helena Beatriz Juenemann. – 1. ed. – Porto Alegre [RS] : AGE, 2021.
    96 p. ; 14x21 cm.

    ISBN 978-65-5863-066-1
    ISBN E-BOOK 978-65-5863-065-4

    1. Crônicas brasileiras. I. Título.

21-71841
    CDD: 869.8
    CDU: 82-94(81)

Meri Gleice Rodrigues de Souza – Bibliotecária CRB-7/6439

Reservados todos os direitos de publicação à
LEDUR SERVIÇOS EDITORIAIS LTDA.
editoraage@editoraage.com.br
Rua Valparaíso, 285 – Bairro Jardim Botânico
90690-300 – Porto Alegre, RS, Brasil
Fone/Fax: (51) 3061-9385 – (51) 3223-9385
vendas@editoraage.com.br
www.editoraage.com.br

Impresso no Brasil / Printed in Brazil

Dedico aos meus queridos e inesquecíveis

Pai
Domnio Christiano Reis,
que me ensinou a integridade e a
honradez para correr mundo
sempre de cabeça erguida.

Tio
Antônio de Pádua Barbedo Braga-Pinheiro
que sempre acreditou em mim desde pequenina,
me instigou a sonhar com outros mundos e esteve
sempre a meu lado em todas as ocasiões.

Avô
Jorge Braga Pinheiro
famoso médico obstetra, pessoa carismática,
boníssima e dedicada que me amou desde o meu primeiro
sopro de vida e foi o responsável pelo sucesso de
minha primeira e mais importante viagem.

"A vida é uma peça de teatro que não permite ensaios. Por isso, cante, chore, dance, ria e viva intensamente antes que a cortina se feche e a peça termine sem aplausos."

Charles Chaplin

Prefácio

Helena viaja tanto, que, quando em contato pelo telefone móvel, é indicado perguntar-lhe: "Onde estás agora"?

As crônicas que aqui nos oferece bem falam deste seu sintoma de inquieta, atenta e curiosa viajante, mais ainda, nos apresentam uma escritura elegante e marcada pelo seu talento poético. São relatos que ensinam, alertam e despertam o desejo de viajar. Suas narrativas parecem mapear a própria história; assemelhando-se a relatos no divã, descortinam-se seus sentimentos e um turbilhão de emoções, as mais diversas. Helena, no entanto, poupa seus leitores, não aprofunda relatos sobre seus sofrimentos, embora, desde o início, em vários momentos, estes insistissem em vir. Mas, conforme ela mesma falou: "Está tudo lá registrado no inconsciente". Aqui as curiosidades, medos e sustos ficam registrados com a inteligência e a leveza do estilo da autora.

Teresinha Lúcia Vianna
Psicóloga Psicanalista

Sumário

Introdução 11

Audiência com o Papa 15

Nada como o tempo 18

A linguagem universal 23

Amigas para sempre 26

Fazer a mala 29

Linha Internacional de Data 32

Regressar nem sempre é alegria 35

Perda de referência 37

O encanto de viajar com crianças 39

A Senhora Liberdade 42

Isto é Itália 45

De trem para o Porto 47

O parasail 50

Tradicionalismo no céu 54

Emirados Árabes Unidos 56

O Fim do Mundo 60

Um ET na China 64

A atenção nos aeroportos 67

Dervixes 71

Da Clarice ao Drummond 74

Ary 77

O presente da santa 81

Entrega ao futuro 84

O quadro de Renoir 87

África do Sul 90

Descuido 95

Tempo 96

Introdução

Dada a ampliação das facilidades para viajar acoplada com a chegada da Internet e o desenvolvimento tecnológico, que permitiram o planejamento e a compra de roteiros domésticos e internacionais por qualquer pessoa sem interferência de agências, o mundo tornou-se pequeno e qualquer lugar de fácil acesso. Cada vez mais um público díspare e, muitas vezes emocionalmente despreparado para suportar mudanças e conviver com as diferenças, faz as malas e se despede como se tudo fossem flores.

Todas as situações vividas, sejam elas boas ou más, criam memórias que se armazenam no inconsciente. Nada escapa. Quanto maior a emoção e o sentimento envolvido, mais presentes se tornam. Qualquer viagem, por mais simples, mexe com o nosso mundo interno, levanta ansiedades, expectativas, provoca a superação de limites. Ninguém passa incólume.

Por melhor planejada, com tudo confirmado, viajar nunca deixa de ser uma surpresa, um tiro no escuro. Embora traga a realização de um sonho ou um tempo de férias sem compromisso, transforma-se sempre em algo desafiante e sério. Trabalha-se com o imprevisto, com o novo e o similar, e responde-se com o material armazenado lá dentro da nossa caixa-preta.

Ao longo dos anos, apagam-se rostos, nomes, paisagens. Mas os acontecimentos de uma viagem ficam registrados no inconsciente e vão influenciar nossas relações pessoais e profissionais, a nossa percepção do mundo e o comportamento presente e futuro. Viagem é um pedaço de vida que não se esquece jamais.

Este livro relata algumas de minhas viagens ao longo dos anos, desde o final da adolescência até a fase adulta e madura em que me encontro. São crônicas despretensiosas que podem ser lidas em separado, mas, se o caro leitor preferir seguir a sequência, uma após a outra, perceberá que, além de um labor literário, há também a narração de uma história de vida. Iniciam com as peripécias da mocinha sonhadora, seguem com a alegria e o entusiasmo da esposa, a sabedoria da mãe até a doce serenidade de uma sogra. São linhas que evocam um criativo relato biográfico, não efetuado através de datas, fatos e fotos, mas por meio de singelas e pitorescas viagens.

Viajar, percorrer o mundo em busca de sonhados e lindos destinos pode ser um projeto realizado individualmente; muitos costumam e até preferem partir sós, sem companhia, guia ou agência. Mas um escritor, embora sua obra seja filho nascido no silêncio e na solidão de suas entranhas, nunca escreve tão sozinho quanto se imagina. Há sempre anjos no céu e na terra que o ajudam, estimulam e o abastecem de força, ânimo e energia para na hora da dúvida e da incerteza não desistir da tarefa e, de cabeça erguida, continuar sua missão. Meu agradecimento à conceituada terapeuta Renata Marisa Moreira, que nos encontros *on-line* desde São Paulo, com maestria, competência e habilidosa expertise, colocou-me nos trilhos, iluminou o meu caminho e soube trazer à tona o melhor de mim. À corajosa amiga Maria Cícera de Lima Gerônimo Cabral, Cicinha, lá do interior das Alagoas, que me mostrou que a vida, além de uma luta árdua e ferrenha, se traduz em um ato de amor, fé e esperança e, sobretudo, de contemplação e deslumbramento. Ao carismático *personal trainer* Joel Fernandes Saucedo Junior, que, ao tratar o corpo físico, em meio ao suor, à isometria e à ingratidão, preencheu meu cérebro de dopamina e seretonina, mantendo sempre em alta o meu bem mais precioso: a alegria de viver. Minha profunda gratidão à Ana Maria Alvarez Comas, a Aninha Comas, e a Ângelo de Queiroz, o senhor Júlio, que incansavelmente me consolaram, ampararam e estiveram comigo naquela noite escura da despedida para a mais longa de todas as viagens.

Boa leitura!

Helena Beatriz Juenemann

Audiência com o Papa

No lindo e imponente colégio, o meu tão amado Instituto de Educação General Flores da Cunha, em Porto Alegre, cursei, durante a adolescência, o Ginásio, que hoje mudou de nome, para Ensino Médio. Algumas disciplinas ocorriam fora da sala de aula, em outros espaços, e a caminhada até eles me trazia uma sensação de importância e adultez. No segundo andar, bem na lateral direita, havia uma sala ampla, iluminada, envidraçada, estando a parede central praticamente coberta por um mapa-múndi imenso. Nada poderia ser mais adequado para aprender geografia. Aquele mapa escandalosamente azul me fascinava. A professora, experiente e viajada, mostrava os países e apontava os locais já visitados. Olhos bem abertos, a respiração sempre me faltava. Quantas cidades! Quem sabe um dia eu também possa viajar assim!

Concluído o bacharelado em Relações Públicas, junto com minha irmã, fui a Roma realizar um aperfeiçoamento em rádio, televisão e cinema. Na Cidade Eterna estivemos aos cuidados de nosso tio, na época diplomata, exercendo suas funções na Embaixada brasileira junto à Santa Sé, no Vaticano. Extremamente formal e protocolar, sem experiência e traquejo com a juventude, se viu às voltas ante a responsabilidade de amparar, por um par de semestres, as duas sobrinhas no esplendor dos vinte anos.

Estranhei a demora da realização de um pedido por demais simples: ver o Papa. Afinal, eu estava em Roma! Todo domingo a Praça de São Pedro recebe uma multidão de pessoas para a bênção ao meio-dia. Quando a janela se abre, os gritos e assobios acompanham lenços em aceno, palmas, choro, enfim ninguém consegue permanecer insensível diante de tamanha emoção.

Passadas algumas semanas, nada do nosso domingo abençoado, até que um belo dia cai no meu colo um convite. Meu tio sorria feliz como criança ganhando o brinquedo novo. Por intermédio da Embaixada brasileira havíamos conseguido simplesmente uma audiência privada com o então Papa Paulo VI. Sua Santidade, já doente e envelhecido, iria nos receber como fazia com chefes de Estado e altas autoridades. Tomei um susto. Eu só queria ver o Papa na janela!

Atônitas, coração na boca, nós duas vestíamos preto da cabeça aos pés e ainda véu na cabeça quando descemos do carro. Era preciso observar o rigoroso cerimonial do Vaticano. Os ouvidos ardiam com a saraivada de recomendações e não havia nem tempo nem clima para medo ou meia volta. Já tínhamos adentrado na antessala. O momento exigia fé e coragem. O tio preocupava-se para que tudo transcorresse da melhor maneira possível, perfeito, sem deslizes ou gafes. A situação já estava crítica para o nosso lado, pois, ao sairmos de casa com aquele negrume todo, minha irmã olhou-se no espelho e emendou: "A gente não parece aquelas viúvas do interior do Brasil?" Pra quê? Tínhamos terminado de cavar a própria sepultura. "Suas matutas, vocês estão em Roma! Acordem!" E quanto mais o tio ficava brabo, mais a gente ria.

Assim, aos trancos e barrancos, amedrontadas, ansiosas, com a alma em plena primavera da vida, encontramos o Papa Paulo VI, em avançada idade, alquebrado, tão frágil e acolhedor recostado na poltrona. Emanava tamanho brilho que precisei apertar os olhos para enxergá-lo melhor. Até então, eu nunca tinha visto uma pessoa de luz! Ele docemente estendeu os braços em nossa direção e nos deu a mão.

De repente, como por encanto, o mundo serenou. Houve paz! "Eu já estou velho. Vocês jovens podem girar o mundo e conhecer as belezas do Criador. Quero que levem ao Brasil a mensagem de torná-lo grande moralmente como é geograficamente." Inesperadamente, o Papa levantou-se. Quebrava o protocolo. Tanto o seu assessor, como o tio, um tanto incrédulos, observavam os acontecimentos, aturdidos. E, em pé, nos fez o convite: "Vamos fazer uma bela fotografia juntos".

Além de duas faculdades, pós-graduação e de tantos cursos que a gente faz vida afora, ultimamente as viagens internacionais têm encorpado meu *curriculum* com uma frequência nunca imaginada. A sementinha para correr mundo, sem eu perceber, encontrou a terra fértil ainda lá atrás, nos bancos escolares, quando minha única preocupação era somente ser boa aluna e passar de ano. Porém, foi em Roma, em frente àquele Papa envelhecido e doente, com a vida por um fio onde eu descobri que viajar, muito além de um crescimento pessoal, torna-se um gesto de amor, uma profunda reverência e gratidão às obras do Criador.

Nada como o tempo

Finalmente havíamos chegado em Roma! Não entramos triunfantes como César alardeando ao Senado o *vim, vi e venci,* mas, ao contrário, com cautela, angústia e preocupação. Um mundo inusitado, desenhado em sonho, tomava corpo e, embora o nosso tempo de permanência não fosse *ad eternum*, apresentava-se desconhecido e desafiador. Meu tio retomava a rotina em seu posto na embaixada depois das férias no Brasil. Solteiro, protocolar, morando sozinho e sem contato com crianças e adolescentes, os quais via de longe ao abanar aos amigos, desta vez trazia as duas e únicas sobrinhas incorporadas à bagagem. Minha irmã trancou a matrícula na Odonto e precisou da autorização de nosso pai para viajar antes dos vinte e um anos. Eu, um par de anos mais velha, concluído bacharelado em Relações Públicas, saía para ampliar conhecimentos na comunicação social e melhor me habilitar a um mercado de trabalho cada vez mais exigente. Seria mais uma das tantas viagens que já havíamos feito, mas a primeira de grande porte, para tão longe e por tanto tempo.

Era março, frio, chuva fina. *Marzo pazzo*, março louco. A primavera tentava, mas não conseguia entrar. Muito menos permanecer. Cadê o calorzinho, o céu azul? E as flores?!!! Assustada, perplexa, eu olhava aqueles prédios marrons, ruas estreitas, apertadas, ciprestes altos verde-escuros, ambiente lúgubre. Minha amada tia do Rio sempre reforçava: cidade linda! Eu lhe respondia no cartão postal: odiei. Só podia ter sido um erro de planejamento, de logística ou estratégia do meu tio! Não tinha outra explicação.

Antes de Roma, escala em Londres, Madrid e Paris. Que cidade é Paris! Até hoje meus melhores adjetivos se tornam mínimos farrapos para descrevê-la! Aquelas avenidas largas, os prédios tão alvos, tão brancos, tão absurdamente deslumbrantes, embalados em um sotaque aconchegante, delicado, pleno de charme e maciez! E a elegância, o bom gosto, arte e beleza por todo canto, aquele mágico *savoir fare! Voilà, la joie de vivre!*

Em Paris, eu me deparei com um tremendo *dejà vu*. Nem todos acreditam em vidas passadas. Eu, sim. Senti-me aturdida, perplexa, sem saber explicar. Mal chegadas à Cidade Luz, saímos para o primeiro reconhecimento. Passeio a pé, cabeça girando, pior que exorcista, olhando para todos os lados boquiaberta, sem demora entramos nas Galerias Lafayette. Depois de um tempo, meu tio preferiu retornar ao hotel. Estando a tarde ainda nas fraldas, impossível segui-lo. Num gesto magnânimo de condescendência, ele permitiu a extensão de nossa permanência sem antes, pela milésima vez, reiterar que a estação do metrô que nos levaria ao hotel localizava-se nas Tuilleries. Passado o tempo, ao deixarmos as lojas, eu, na maior segurança, dona de mim, fui direcionando minha irmã por ruas, vielas, virando esquinas, indicando-lhe um caminho que eu não sabia como, mas tinha certeza que já conhecia. Aquelas casas, o calçamento, os monumentos, o obelisco egípcio da Place de la Concorde, tudo do primeiro *arrondissement* me transportava para um tempo mágico. Um ar nostálgico, uma sensação de saudade arrebataram minha alma. A torre Eiffel, apesar de vistosa, pareceu-se modernosa demais. Embora crescida na Igreja Católica, naquela época, em Porto Alegre, eu já possuía uma leitura considerável sobre espiritismo e espiritualidade e transitava bem pelas searas esotéricas. Paris, além de linda, havia me dado de presente a certeza de uma vida passada.

Em Roma caímos na vida real, um período delicado de adaptação ao idioma, aos costumes, ao povo, a um novo tipo de relacionamento trazendo raízes familiares, porém diverso da casa paterna. Cada minuto constituiu-se num aprendizado de superação e amadurecimento, mas também celeiro de memórias pitorescas. Um belo dia, meu tio avisou que eu teria companhia para sair. Na minha santa cabeça, imaginei um belo mancebo italiano, daqueles bem melosos, cheios de lábia, sussurrando *amore mio* no meu ouvido. Era eu dividindo o Marcello Mastroianni com a Catherine Deneuve numa das escapadas dela em La Belle Jour ou, quiçá, entrando nas águas da Fontana de Trevi à la Anita Ekberg, como em Dolce Vita! Imaginação sempre foi meu forte. No retorno da noite, somente um comentário: "Ele é muito velho! Pode ser meu pai!" "Realmente está um pouco passado", concordou o tio, mas não perdendo o ar solene: "É um bom partido. Daria um belo casamento."

Ao ser servido o *spaghetti alla puttanesca*, naquele restaurante do Trastevere, de tijolo aparente, iluminação feérica, toalhas xadrezinhas em vermelho e verde e o trio de músicos passando nas mesas tocando e cantando *Arrivederci, Roma*, não havia como negar que estávamos mesmo na Itália. No jantar regado *ai vini dei castelli,* conversa vai, conversa vem, o tio falou em Dante Alighieri. Minha irmã parou, franziu o cenho, fez uma cara de desconhecimento e repetiu em indagação: "Dante Alighieri?" Dante da *Divina Comédia*, surpreso, clareou o tio. Então, abrindo um largo sorriso, olhos chispando em brilho e rosto iluminado, minha irmã pronunciou um sonoro "ah, o Dante!". Meu tio tossiu, soltou o corpo na cadeira quase desmaiado; parecia que estava tendo um enfarte e levando a mão direita à testa, num gesto teatral, próprio de prêmio Molière ou de melhor ator pela academia em Hollywood, deixou escapar em suspiro: "Meu Deus, como a mãe de vocês se descuidou na educação".

Qualquer adaptação, quer a situações inusitadas como a novos relacionamentos, sempre é delicada, difícil, algumas vezes dolorida, mas nada como o tempo para acomodar as abóboras na carroça e permitir que tudo fique em paz. Minha irmã foi morar em Perúgia, cidadezinha famosa de estudantes no interior da Itália, fez curso de artes, conheceu muita gente, participou de um congresso internacional de odontologia na Grécia. Nós duas viajamos de trem boa parte da Europa até a Inglaterra para estudar inglês, ela fora para a Itália passar seis meses, ficou um ano. O tio, mais acostumado com as sobrinhas, num domingo de sol, quando voltávamos, nós dois, da visita à cidadezinha de Assis, na Úmbria, berço de São Francisco, querendo agradar, me entregou a direção do carro. Quem pediu? Eu, não. Não gosto de guiar em estrada até hoje. No Raccordo Anulare, os veículos, em velocidade, tiravam fininho, me fechavam, previsão de acidente iminente. E eu ali, gelada, apavorada, ofegante. Bem refestelado no banco do carona, o tio com toda a sutileza me consolou: "Inveja desses italianos, menina. O carro é japonês importado, a placa CD2 do Vaticano e uma moça dirigindo. Não liga."

Eu iniciei as aulas de comunicação visual na Universidade Pro Deo, um curso de cinema no Pontificio Ateneo Salesiano, universidade que amei de paixão em que fiz muitos amigos. Viajei pela Itália de norte a sul. Com o passar do tempo, Roma foi se tornando cada vez mais linda, romântica e encantadora. O outono dourava as folhas dos plátanos no Lungotevere com estonteante beleza e ao primeiro raiar da primavera, a escadaria da Tinità dei Monti, na Piazza di Spagna, cobria-se de flores. Minha alma abarrotava-se de gratidão em cada manhã na Piazza Navona, quando as pombas, bebericando nas fontes do Bernini, pousavam displicentes na cabeça das estátuas antes do burburinho da chegada dos turistas. Mas o que eu mais amava e me dava um prazer único, solitário e, ao mesmo tempo, grandioso, acontecia na Praça de São Pedro. Sentadinha à beira das colunatas do Bernini, muitas vezes em total introspecção, querendo adivinhar o futuro, eu sempre me emocionava ao ouvir o badalar das horas marcadas pelo relógio da basílica. Até hoje, eu lembro aquele som solene, forte e cadenciado. Momento mágico, reconexão comigo, com a vida, com Deus. Fui para um ano na Itália. Fiquei dois. Deixei Roma aos prantos. Havia me apaixonado pela cidade.

A linguagem universal

O verão matizava de dourado os tijolinhos da The Oxford Academy of English quando minha irmã e eu, no ímpeto dos vinte anos, chegamos na pequena e clássica cidade de Oxford, referência de educação no mundo. Era finalzinho de junho. O curso iniciaria em julho, com a previsão de término para os últimos dias de agosto. Não estava prevista nossa ida a Oxford, muito menos passar dois meses estudando inglês, mas, em função de uma bobeada, aliás mais um descuido na previsão de calendário, fomos agraciadas com esse presente. Meu tio, diplomata servindo na embaixada brasileira junto ao Vaticano, em Roma, se dispôs a levar com ele a sobrinhas a tiracolo quando de seu retorno ao trabalho. Acontece que aterrissamos num março, primavera chuvosa e fria e o ano letivo somente deveria ter início em setembro, quando não em outubro. Assim, para suprir a espera, meu pai, com amor e dedicação, decidiu reforçar a educação das meninas.

Nas academias e universidades da Inglaterra, Áustria e Espanha, hoje já é forte a participação da Austrália e da Nova Zelândia; desde cedo preparavam as inscrições e, com dois meses de antecedência para o início de novas turmas, recusavam qualquer matrícula, tamanha era a procura. Geralmente, os cursos de idioma se dividiam em três etapas, durante o verão, outono e primavera, e variavam de quatro, oito e doze semanas. A idade mínina girava em torno dos dezessete anos, sendo a máxima a critério do espírito jovem de cada um.

Entrar na Inglaterra, naquele época, exigia respeito e seriedade; era vista até com certo temor. A documentação solicitada para a nossa permanência, mesmo por pouco tempo, tornava-se rígida e extensa, inclusive com a renda do meu pai sendo questionada. Trago ainda na lembrança a carta que meu tio, utilizando a força e o prestígio do seu cargo, mandou à escola responsabilizando-se também pelas sobrinhas. Mas tudo valia à pena ante a excitação e expectativa da tão sonhada e aguardada experiência.

Os belos gramados ingleses jaziam secos e sem vida devido ao árduo verão que castigava a Europa com a falta de chuvas e sol abrasador. Nada, ninguém, no entanto, conseguia enuviar a alegria de estar na Inglaterra e a minha emoção, naquela manhã fresca e clara de julho, de adentrar, primeiro dia de aula, no belo prédio da Bardwell Road. O corriqueiro e desgastado *where are you from?* trazia a magia de um mundo novo, apresentando colegas provenientes da Dinamarca, Grécia, Espanha, Arábia Saudita, Egito, Venezuela, Marrocos, Suíça, Polônia, Indonésia e por aí vai. Em poucos segundos a academia transformara-se num espaço plural de raças, num verdadeiro *meeting* internacional.

A juventude estrangeira espargia um burburim renovador, coloria de entusiasmo e euforia as ruas históricas, pacatas e de arquitetura austera de Oxford. Minha irmã alugou uma bicicleta com cestinha na frente e pedalando para bem longe, pra lá da renomada e conhecida universidade, da biblioteca e do Trinity College; certamente conheceu a cidade antes de mim. O grego ensinou *eu te amo* na língua dele, desmanchando as garotas em sorrisos. Era impossível eu não levantar a autoestima ao ser cumprimentada com um *hello, miss Brasil, how are you today?* Naquele tempo nem se imaginava o advento da era Harry Potter, planejar visitas aos locais de filmagens ou sequer pensar em Oxford longe da área de uma educação rígida e severa. A Academia, preocupada em oferecer uma visão mais ampla do cenário cultural da Inglaterra, além de boa formação no idioma, levou os alunos a concertos, peças de Shakespeare, apresentação do Royal Ballet de Londres, passeios a Stonehenge e cidades vizinhas, como Cambridge, Stratford-upon-Avon. Apesar da diversão e brincadeiras, todos traziam um ar de compromisso e responsabilidade, querendo honrar o renomado diploma de Oxford a ser auferido no final do curso.

A hospedagem, inserida no custo da escola, incluía casas grandes, de tijolos à vista e *baywindows*, típicas construções inglesas. Sexos bem separados, rapazes numa casa, moças em outra. Os quartos abrigavam três alunos. Sendo o objetivo primordial não falar outra língua a não ser o inglês, minha irmã e eu fomos afastadas. Em andares diferentes, eu dividi o alojamento com uma menina da Itália e outra da Turquia. Uma das noites, quando já estávamos as três deitadas, não era madrugada ainda, ouvi um barulhinho. Reconheci. Levantei-me e fui à cama da italianinha. Ela chorava baixinho. Entendi que ela sentia saudades de casa. Meu inglês não era bom, o italiano ainda não suficiente para consolá-la. Então, me aproximei, a trouxe junto a meu peito e trocamos um abraço quente e demorado em silêncio. Não demorou muito, ela se acalmou e dormiu até o amanhecer. Naquele momento, eu acabava de descobrir que um aconchego profundo é a língua universal mais compreendida e poderosa que une todos os povos.

Amigas para sempre

O Instituto Superiore di Scienze e Tecniche dell' Opinione Pubblica dell' Università Internazionale Degli Studi Sociali Pro Deo localizava-se na Viale Pola, uma das travessas da interminável Via Nomentana, em Roma. Eu ia de ônibus para o curso de Comunicazioni Audiovisive, direcionado ao aperfeiçoamento em rádio, televisão e cinema. Naquela época não existia nem se falava em redes sociais, muito menos no aparato tecnológico digital. O início das aulas acontecia em meados de outubro, num outono dourado puxando a âmbar. Sempre com olhos plenos de encantamento, eu descia uma parada antes da faculdade só para pisotear as folhas dos plátanos amareladas, caídas e espalhadas pela calçada. O estalar daquelas fibras me arrepiava o corpo, me levava a sonhar. Uma vez, mandei uma carta para os meus pais escrita numa folha de plátano. Coloquei-a dentro do envelope e chegou direitinho.

A universidade, sendo internacional, recebia alunos de todas as partes do mundo. Na minha turma, uns quarenta por cento eram de fora, muito embora houvesse também número considerável de italianos. Os grupos de amigos, no entanto, se formavam com aqueles provenientes de países do mesmo continente. Oferecia uma sensação de segurança e nos fazia sentir mais em casa. Logo fiz amizade com uma moça do Equador. Os italianos olhavam os colegas de fora da Europa com certo desdém, menos inteligentes e, de forma velada, os do terceiro mundo, na cabeça deles, não estavam aptos para obter notas altas. Devido a isso, assim que a minha filha nasceu, eu requisitei a cidadania alemã. Graças ao meu querido sogro, alemão nato, o passaporte chegou sem demora, quando a menina ainda estava nos cueiros. Ela certamente, algum dia, não seria discriminada.

O sistema de estudo e de avaliação diferenciava-se do Brasil. Existiam as aulas presenciais, porém os exames finais de cada disciplina eram orais e públicos, ou seja, com sala aberta para quem quisesse entrar e banca de professores. O titular da cadeira indicava a lista de livros, uma pilha sem fim e, chegada a hora fatídica da prova, cobrava todo conteúdo através da argumentação oral. Frio na barriga? O estômago, petrificado, gelava. Medo era café pequeno. Muitas vezes a matéria encontrava-se na ponta da língua, mas o nervosismo trazia o temido branco e esqueciam-se palavras do idioma. As notas, antes de passarem à direção, eram escritas de próprio punho pelo professor na caderneta particular do aluno. Os italianos, para meu assombro, quando a nota não era a esperada ou do agrado, discutiam com o mestre e refutavam o grau. Surpresa, eu aprendia a força do posicionamento e da autoconfiança. Um mundo novo começava a me ser apresentado.

No início das aulas, uma japonesinha alta e magra no canto da sala me deu um sorrisinho. Quieta, reservada, numa das disciplinas sentou ao meu lado. Talvez para puxar assunto ou me agradar, comentou que dividia o apartamento onde morava com uma brasileira. Eu escrevi num papel Porto Alegre e pedi a cidade da amiga dela. Não acreditei. "É a mesma", me disse no dia seguinte. Em novo bilhete, mandei o nome da minha rua. André Puente, recebi como resposta. Para encerrar o trabalho de pombo-correio, trocamos telefone. Assim começou minha amizade com a Norma.

Em Roma, a Norma morava bem longe de mim, na Circonvallazione Clodia. Eu levava uma eternidade para chegar no seu apartamento e seguido me perdia. Orientação nunca foi o meu forte. Ela estudava Sociologia na federal, eu fazia a Pro Deo e a Università Pontificia Salesiana, particulares. A Norma tinha uma cafeteira italiana daquelas pequenininhas que permitiam só duas chicrinhas. Seu café gostoso naquele pedacinho de metal fez história. Cozinhava bem, era quituteira, fazia almoço e janta com esmero, casa sempre cheia, muitos brasileiros. Eu, até hoje, não sei o ponto certo do ovo duro. Escrevia poesias, já estava conseguindo rabiscar rimas em italiano. Ela me chamava de menina sonhadora. Apesar da minha inabilidade e total despreparo no trato do forno e fogão, acho que virei uma boa pessoa, uma boa mãe. E, durante aqueles longos meses, que na verdade não passaram de um par de anos, foi ela quem, nos momentos de angústia e incerteza, amparou minhas lágrimas, segurou os soluços. Tantas e tantas vezes saímos juntas a passear e fotografar Roma, brincando de turistas. Lá pelas tantas, as risadas aconteciam lembrando Porto Alegre ou o campo em Nonoai, no interior do Rio Grande do Sul, que ela tanto amava. De retorno ao Brasil, tamanha a minha bagagem – se aquilo podia ser chamado de bagagem, mais apropriado o termo *mudança* –, ela prontificou-se a me ajudar. Foi de trem comigo até Gênova e me viu partir no navio.

Outro dia, estive no apartamento da Norma aqui em Porto Alegre. Fica próximo à minha casa. Ela me recebeu com uma salada dos deuses. Ainda me chama de Triz, Trizinha, resquícios carinhosos de uma Beatriz dos tempos romanos. Somos amigas até hoje.

Fazer a mala

Viajar, no imaginário de muitos, é entrar num avião ou qualquer outro meio de transporte e chegar no local sonhado lépido e faceiro na carona de uma doce e fictícia liberdade e no abandono de vez do ranço da rotina, do cansaço ou mesmo de pessoas não tão agradáveis. Viagens nunca rimaram com preocupações, problemas, dissabores e aborrecimentos. Pelo contrário, sempre foram envolvidas por um véu de magia ou medicamento milagroso onde tudo dá certo e a vida não passa de um conto de fadas. Poucos, no entanto, se dão conta de que certas tarefas e providências demandam complicado desgaste emocional.

Um dos momentos mais difíceis e críticos para mim antes de toda partida, trata-se do fazer a mala. Processo único e particular, creio também que diz muito da personalidade de cada pessoa. Para alguns, as malas já foram feitas há semanas e estão praticamente fechadas; outros perdem horas a fio na atividade e as preparam quase na véspera. Ainda existem aqueles que, na correria, atiram as roupas de qualquer jeito nas malas e as fecham quando o táxi já está na porta. Muitas vezes a angústia do partir é justamente elaborada na feitura interminável da mala, e os atrasos, a pressa, o pouco tempo para organizar tudo nada mais são do que uma súplica, a expressão de uma linguagem camuflada que grita pela vontade danada de ficar e não mais levantar âncoras. Ainda não consegui identificar qual é o meu real problema, embora o divã e as poltronas de psicólogas nunca me foram desconhecidas; sempre estiveram presentes em minha agenda.

Ao pensar em fazer uma mala, muito mais que calafrios, entro em surto, fico paralisada, atônita. Torna-se uma odisseia, um desafio. Na noite anterior à viagem, seja ela longa ou curta, parece que entro em concentração. Não aceito convites, não saio para cinema, teatro, passeio com amigas, não há Cristo que me tire de casa nem para um brinde de despedida. Enquanto não concluo o proposto não sossego. E quando está pronta, fico pensando no que poderia faltar ou no que tirar. É sempre um tremendo desgaste físico e emocional, um exercício de autodomínio, paciência e superação.

As benditas malas, conforme questionamento das companhias aéreas na hora do embarque, devem ser feitas pelo próprio passageiro, porém, algumas vezes, é tarefa delegada à mãe, cônjuges ou serviçais. A organização de uma mala, muito mais que prática, requer um trabalho interior que pode assustar. Ante aquele espaço aberto e vazio, paira a dúvida de como preenchê-lo; do que eleger e deixar, do que realmente nos identifica e nos agrada para que, lá fora, possamos nos sentir seguros e confiantes, fator fundamental para uma viagem bem-sucedida.

A colocação de roupas e objetos pessoais parece ser algo simples e corriqueiro, porém não para todos, especialmente para mim. Uns levam demais, outros de menos. Em virtude do peso e do espaço, é necessário fazer escolhas, separações, decidir pelas melhores alternativas, ter a coragem para descartar, abandonar e deixar tudo aquilo que, embora nos pertença e tenhamos a propriedade, não será útil. Além da roupa que nos representa e compõe nossa imagem, a mala sempre fala de um pedaço de nós, da nossa infância, da família e da terra que, doravante, ficarão longe. Fazer mala significa desbravar-se, conhecer-se. É também um ato de crescimento, um renascer, pois implica ir ao encontro do novo, do desconhecido, levando, para sobreviver, apenas o mínimo de nós mesmos.

Arrumar e carregar a própria mala, levando muito de nós e da nossa história dentro do peso e das medidas exigidas pelas transportadoras áreas, sempre foi e será uma das lições mais lindas de desapego, confiança em si e fé no futuro que escola nenhuma ensina. Eu ainda estou aprendendo.

Linha Internacional de Data

Quantas e quantas vezes naquele colégio, sentada na carteira da classe junto à janela e desfigurada num uniforme em nada estiloso, eu perdi o olhar admirando as tardes douradas de primavera! Sonhava! Como sonhava! Uma das colegas, com jeito de mandona, certamente revoltada com a vida, se virava para a mesma janela e gritava nos meus ouvidos: "Estamos presas para aprender coisas inúteis". Português, Matemática, certos tópicos de Ciências, ela até engolia. Agora a Geografia lhe embrulhava o estômago, a fazia tremer. Numa dessas aulas, a professora trouxe o tema do fuso horário, sua importância para quem vai se transferir de lugar e também mencionou a Linha Internacional de Data. Quem passa pela Nova Zelândia ou algumas ilhas da Oceania, perde ou ganha um dia inteiro. "Não acredito", explodiu, a colega em pé e vermelha. Formou-se a confusão. Aula encerrada. A Linha Internacional de Data não passava de balela.

Os meus dois sobrinhos eram ainda pequenos. Meu irmão, na época, comandante da Singapore Airlines, residia em Cingapura com a esposa e filhos. Todos os anos, em meados de julho, nas férias do verão asiático, ele e minha cunhada traziam o casalzinho a Porto Alegre para rever os familiares e reforçar as origens. O simples anúncio da vinda já alterava a rotina da casa. Numa das raras ocasiões em que eu tinha a certeza absoluta da expectativa de superar a saudade. Único varão, numa prole constituída por mais duas irmãs e com uma profissão invejável, forjada desde os tempos de adolescência no próprio esforço, meu irmão era equiparado a herói. Além de tudo, é alegre, cheio de vida, repleto de histórias mais que qualquer pescador. Sabe contá-las com tamanho colorido e vibração, que é impossível não rir ou ficar quieto. Puxou a gaiatice do meu avô materno. Genética pura. Uma vez, desceu do avião com uma peruca imitando Bob Marley e óculos escuros, só para confundir minha mãe.

A família da minha cunhada é muito amiga da nossa até hoje e o reencontro virava uma festa ruidosa no saguão do aeroporto. Um aglomerado de avós, tios, primos, sobrinhos, até bisa. Um irmão padrinho do filho do outro, nós querendo treinar a fluência do inglês falando com as crianças, já que era a língua-mãe delas e elas encantadas ouvindo o cocuguês, português para os inocentes. Não era só uma chegada; transformava-se num evento.

Naquela ano, veio o aviso. O avião aterrissaria num domingo, à tarde, no antigo aeroporto Salgado Filho. Como de praxe, a função começou dias antes, com a arrumação da casa, preparação do churrasco, compra de presentes para as crianças, divisão dos carros entre as irmãs para ajudar no transporte da bagagem. Tudo devidamente planejado, combinado, pronto. Fui eu, então, para a casa da lagoa em Osório, minha irmã à fazenda em Camaquã. Impreterível retorno, domingo bem cedo.

Movidos à expectativa e felicidade, eles chegaram e não havia ninguém à espera. Meu irmão, mais tarde, relatava o susto ao descobrirem o espaço vazio, sem ninguém conhecido. Imaginou problemas no trânsito, algum contratempo, mas justamente afetar as duas famílias... Em virtude de aprontar tantas macaquices, imaginou que, dessa vez, nós estaríamos lhe pregando uma peça. Tentou acalmar os pequenos. "Estão escondidos atrás das colunas. Vão nos fazer surpresa." A solução do ocorrido não tardou. Minha cunhada resolveu ligar pra casa. Foi justamente sua mãe, que encarnando a astúcia e a sagacidade de Monsieur Poirot nos famosos livros de Agatha Christie, quem elucidou a charada: "O que estão fazendo aqui hoje? Vocês chegam amanhã!"

Naquele ano, eles haviam vindo pela Nova Zelândia, passaram a Linha Internacional de Data, ganharam um dia e, logicamente, desceram em Porto Alegre, no sábado.

A professora de Geografia do colégio estava certa.

Regressar nem sempre é alegria

Viajar, correr mundo, um dia se fazer presente em lugares sonhados, trabalhar, estudar, morar no exterior têm sido o desejo quase atávico de jovens e adultos, independente da nacionalidade ou classe social. O visitar outras terras, experienciar culturas e comportamentos díspares ou mesmo procurar suas raízes e história traz um gosto de autodesafio, coragem e perseverança que vale qualquer esforço e endeusa a permanência lá fora.

O tempo no exterior, por maior que seja, passa voando. De repente, quando menos se espera, o bicho-papão aparece, defronta-se com algo simples, angustiante, a hora de voltar. Após um período longe, retornar à casa, à cidade, às origens envolve pesada carga emocional que nem todos estão preparados para carregar. Levantar âncoras, desapegar-se de uma vida conquistada a duras penas no suor da saudade e superação de limites, não é para qualquer um. O regressar transmite uma ideia de alegria e felicidade, mas, na real, apenas mascara o sofrimento e a ansiedade ante a pergunta sem resposta de como será o futuro.

Uma viagem mexe com o passageiro, questiona suas crenças, aguça seu olhar sobre o mundo e o faz vir com outra cabeça. A maioria retorna aparentemente como foi, sem grandes alterações físicas, sem tinturas e cortes de cabelo ousados, tatuagens, brincos, vestimentas escandalosas, aumento ou perda de peso, deixando assim despercebida uma mudança mais significativa. A transformação, no entanto, é invisível, interna. Mesmo que o viajante não a sinta, ele é afetado pelos hábitos, tradições, regras, costumes do país estrangeiro, havendo uma adaptação silenciosa e imperceptível. A conquista da liberdade, do domínio de si, o receio de cobranças e não ser tudo aquilo que esperam, ou mesmo, quando se atingiu tamanho grau de adaptação, o medo de voltar, de enfrentar as velhas estruturas é tão grande que não se volta mesmo.

No início tudo são flores. Passado algum tempo, porém, quando a vibração da chegada já se acomodou à rotina, não há beijo de namorado ou colo de mãe que consiga suprir o vazio, a tristeza e a inquietude de um pedaço de nós que lá ficou, não se adapta e insiste em retornar. É duro, lembrarmos o pavor de um atentado terrorista, o nervosismo das provas orais com o pouco conhecimento da língua, a solidão dos primeiros meses sem amigos e, ao pisar no Brasil, depois de dois anos sem voltar, alguns parentes preferirem ficar em casa para não perderem o capítulo da novela e as perguntas das amigas recaírem no homem mais envolvente, no corpo mais sarado, nas roupas de marca trazidas na mala. Há momentos em que há tamanha falta de consciência, aperto de saudade e exigência externa que não existe outra escolha a não ser sair de cena, nos abandonar ao isolamento e criar uma realidade própria.

O retorno, na maioria das vezes, é dolorido. E o pior: incompreendido.

Perda de referência

A saída para uma viagem, querendo ou não, sempre despende um gasto considerável de energia física e psicológica. Vivencia-se um carrossel de emoções que envolve despedidas, medo de avião, preocupação para dar tudo certo, ansiedade e expectativa em conhecer o tão sonhado lugar, fora a adaptação ao clima, hospedagem e cultura do novo local. Passado o tsunâmi interno, o turbilhão de sentimentos, o corpo acorda relaxado e a mente mais livre. Chega, então, o esperado momento de aproveitar e viver com alegria e entusiasmo o que o passeio ou as férias se propuseram a oferecer. Através da mudança de hábitos e horários, da criação de uma outra realidade, acontece uma quebra de rotina e do nosso *status quo* que gera confusão mental, tornando as ideias menos claras, nebulosas, como vagando no étereo. Depois de algum tempo fora, especialmente em países de outros hemisférios e fuso horário diferente do nosso, a pergunta mais frequente e corriqueira é simplesmente: que dia é hoje? Essa perda momentânea de referência, normal em viagens, pode promover situações inusitadas e deixar gostosas lembranças.

Há poucas décadas, meu marido escolheu Buenos Aires e Montevidéu para nossa lua de mel. Julho, inverno nos países do Prata, lareira acesa, comida suculenta e farta, o calor da roupa de lã e do couro. Uns passos de tango à meia-luz, paisagens de rara beleza, extensão do pampa gaúcho. *Mi Buenos*

Aires querida em seus tempos áureos de luxo e glória! Teatro Colon, os passeios na Ricoleta, pelo casario multicolorido da Boca, a estupenda avenida Nove de Julio, a maior do mundo, o povo tomando conta das ruas bem depois da meia-noite sem pestanejar diante da temperatura baixa, as músicas de Carlos Gardel no El Viejo Almacén e minha perdição até hoje: Havannets. Ah, definitivamente, não era só uma cidade! Um evento apoteótico, naquela época, regado a amor, esperança e sonhos de felicidade eterna.

A despedida da Argentina não demorou a chegar. Tempo feliz sempre passa rápido. Meu marido conferiu as passagens. Malas feitas, combinamos sair cedo, com antecedência, já que Ezeiza distava uma vida do centro da cidade. Encontramos o aeroporto um pouco vazio para o meu gosto. Não havia indicação do nosso voo nem o nome da companhia na placa indicativa das chegadas e partidas. Respirei fundo. Pergunta daqui e dali, descobrimos que nosso voo era no dia seguinte. Meu marido havia se confundido, perdera a noção do tempo. Em vez de calcular os seis dias da nossa permanência a partir da entrada no hotel, ele contou desde a noite anterior, data do casamento. Para mal dos pecados, se ainda lembro, essa meia dúzia de dias caía justamente num vinte e cinco do calendário. Então, embolou tudo e estava feita a confusão.

Nada mais podia ser feito a não ser retornar à capital para o voo na manhã posterior. O marido, então, me sai com uma ideia brilhante. Escolheu um outro hotel bem melhor, num bairro diferente e longe do antigo. E para limpar a barra, a sua falta de atenção, sussurrou no meu ouvido: "Em tão pouco tempo de casados, eu já te trouxe duas vezes a Buenos Aires".

O encanto de viajar com crianças

Antes da pandemia, as viagens, além de cultura e distração, sempre se tornaram momentos únicos para juntar famílias inteiras, do bebê ao vovô, em memórias inesquecíveis. Não havia quem não se encantasse com a inocência de uma criança pequena puxando tranquilamente, com toda a serenidade, sua malinha pelos aeroportos, rodoviárias e estações de trem. De mãos dadas com um adulto, com a mochilinha nas costas, o pequeno pedaço de gente impunha ao rostinho um ar sério e de importância como se naquele diminuto objeto de transporte levasse o mundo ao invés do bico, um brinquedo, uma muda de roupa.

Sair com crianças requer atenção, sensibilidade, psicologia e muita paciência. Nem sempre elas têm disposição, vontade e interesse para acompanhar a programação escolhida. O tempo delas é outro, como também o entendimento de lugares e situações. Um monte de pedras bem altas pode ser a descrição perfeita para a mais linda catedral gótica da Europa. O vestido da Branca de Neve, Cinderela ou Bela Adormecida, com o qual as meninas pequenas desfilam na Disneyworld, as transformam em verdadeiras princesas. E que ninguém se atreva a dizer o contrário, que a briga será feia. De qualquer jeito, mesmo que dê trabalho ou, às vezes, nos tire do sério, viajar com uma criança, observando como ela transmite seus sentimentos e vê a vida, torna-se uma experiência mágica e inigualável.

Na década de noventa, os Estados Unidos lideravam o *ranking* das viagens internacionais brasileiras. Os parques temáticos, o *boom* dos intercâmbios para aprendizado do inglês e a entrada do real, em 1994, supervalorizado, na cotação de um real para um dólar, tornaram a América um verdadeiro paraíso de compras e luxo. Comprava-se tudo. Desde vestuário, brinquedos, eletrodomésticos a peças automobilísticas. Virou moda ser proprietário de apartamento em Miami ou Fort Lauderdale e trocar a festa dos quinze anos por uma excursão. As agências de turismo, vivendo sua época de ouro, saíam com aviões lotados. A Flórida tornou-se verdadeira ilha da fantasia e não havia quem não chegasse carregado de eletrônicos e a meninada abraçada nos mais diferentes e enormes bichos da DisneyWorld.

Bem nessa época, meu marido resolveu levar nossa filha, então com quatro anos, para conhecer a Disney. A princípio relutei. Pareceu-me cedo demais. Passados alguns dias, me veio à lembrança um pedido dela em seu terceiro aniversário. Custei a acreditar. Criança tão pequena! Queria "apender inguês" para falar com o Mickey e com o Ronald McDonald. Pode? Para a minha filha, sim. Saí eu a campo. Depois de quase um ano frequentando o Kindergarden do Cultural Brasileiro-Norte-Americano, levando junto a tiracolo seu mais fiel companheiro, um urso de pelúcia maior que ela e, estando familiarizada com algumas palavras e frases curtas, a ideia da viagem já não me soou tão absurda assim.

Um caos precedeu a chegada em Orlando. Aeronave repleta de crianças. Antes de pousar, o comandante deu os avisos de praxe e, com voz clara e cheia, alertou: "Apertem os cintos. Estamos chegando na terra do Mickey." Por todo lado estouraram palminhas, sorrisos banguelas, pés batendo no chão com força. Ninguém ficou quieto, poltronas em polvorosa, um tumulto!

Numa profusão de cores, música, alegria, energia contagiante, adentramos no Magic Kingdom. Em pleno mês de julho, quente e ensolarado, borbulhando com as férias, de inverno no Brasil e as de verão no hemisfério norte, o parque trepidava. Gente por todo lado. De todos os tamanhos, de todas as raças, de todos os credos. Copos imensos de Coca-Cola, picolés de chocolate na forma das orelhas do Mickey, balões de gás imensos, cachorros-quentes, hambúrgueres homéricos, tudo no superlativo e em excesso. Filas quilométricas para as atrações. Sem contar o calor e o cansaço, cheguei com a pequena para andar no carrossel do Dumbo, no Magic Kingdom. Cinquenta minutos de espera para cinco de passeio! Haja paciência! Finalmente, quando alcançamos o primeiro lugar na fila, ficando frente a frente com todos os Dumbos, perguntei-lhe: "Em que Dumbo tu queres andar? Qual a cor do chapeuzinho?" Em meio ao brilho dos olhos que se acendiam como duas bolitas de brilhante e um sorrisinho meigo, veio a resposta que nunca mais esqueci: "O que tiver a carinha mais feliz". Ali ganhei o dia.

A Senhora Liberdade

Anos atrás Robert Redford e Demi Moore estrelaram o filme *Proposta Indecente*, do qual não tenho presente o enredo, mas o nome me chamou tamanha atenção que passou a fazer parte de muitos de meus devaneios. Certa vez, meu marido e eu saímos para jantar. Uma refeição leve, simples, iguais a tantas outras, sem nada de especial. Naquela noite de um abril ainda agradável, embora fosse outono nas paragens do sul, ele comentou que em maio participaria de um seminário profissional em Boston, nos Estados Unidos. Adivinhei o final da conversa. Eu passaria meu aniversário sozinha. Então, veio a proposta que chamei, em tom de brincadeira, de descarada, indecorosa e indecente. Como o tal seminário continuaria com reuniões também em Nova Iorque, ele me propôs nos encontrarmos lá e festejarmos juntos a minha data. Eu sairia do Brasil mais tarde, depois dele, para, então, revê-lo somente no hotel. Enlouqueci. Parecia história de filme! Mas era a vida real! Em casa, não conseguia dormir. A madrugada já amanhecia quando fui pegar no sono.

Semana antes da partida, dona Maria, minha querida madrinha de casamento, hoje no esplendor de seus noventa e dois anos bem vividos, pessoa sensível, iluminada, mente aberta, portadora de um carisma sem fim e a quem muito amo, pediu-me encarecidamente para não deixar de visitar a Estátua da Liberdade. Aquela não seria a minha primeira vez na Big Apple. Tempos atrás, já havia feito minha estreia nos *shows* da Broadway, passeado distraída do Moma até o prédio da Jacqueline Kennedy, na Quinta Avenida, e realizado, inclusive, o *tour* de barco no rio Hudson, avistando de longe a estátua, ícone da cidade. Aquele pedido, no entanto, deixou-me bem intrigada.

Malas prontas, documentação na mão, gerência doméstica organizada, filhinha aconchegada nos mimos do vovô e da vovó. Aterrissei em Nova Iorque num dia belíssimo de primavera. Céu do mais profundo azul, sem nenhuma nuvem. Que presente de aniversário! Através da janelinha do *shuttle*, meu transporte do aeroporto ao hotel, excitada como uma criança com sorvete na mão, eu via os edifícios crescendo na minha frente, ruas cheias de gente, comércio aberto, a vida frenética americana acontecendo a cada passo, na virada de cada esquina. Manhattan, suspirei! Quando a pequena *van* embicou na rua quarenta e quatro, no lado *West* e eu vi a logomarca do hotel, meu coração bateu mais forte. Paralisei. Pura felicidade!

Na manhã seguinte, levantei cedo. Caos na cidade. Justo naquele dia fora deflagrada greve dos transportes. Por sorte ou bênção, consegui um táxi. Indiquei o Battery Park, e lá me fui eu. Meus olhos sorriram ao rever as gaivotas, o burburinho dos transeuntes, aquele pedacinho de natureza à beira da água, o pequeno pulmão ao sul, na selva de pedra. Calorzinho gostoso, nenhuma nuvem no firmamento, o sol atirava estrelinhas de luz na água. Pressenti que o dia prometia.

O ingresso do *ferry*, desta vez, me proporcionava, não só admirar a estátua, inspirada na deusa romana da Liberdade, como descer na diminuta ilha e ficar lagarteando por lá o tempo que quisesse. Fila comprida minada de turistas para entrar nos barcos, vasta torre de Babel. E eu, ali, com o pedido da dona Maria na cabeça e a me fazer cócegas nas sinapses. O Sherlock Homes obteve sucesso muito mais por estimular a curiosidade das pessoas do que por sua habilidade profissional. Vidente, dona Maria não era. Nunca a vi colocar cartas, ler mão ou prever o futuro. Sensitiva, sim. Admito. Naquele época, eu também era. Com a prática do *reiki* e tendo a espiritualidade como foco de leitura, de olhos fechados, meu terceiro olho enxergava longe, com claridade e precisão.

Na fila, atrás de cabeças mais altas, olhando pela ponta dos pés, percebi lá adiante algo dourado que brilhava intensamente. Eu não sabia o que era, não conseguia identificar. Brilhava muito. Como brilhava! Sentada do lado de fora, entre um balanço e outro da ampla embarcação, mais próxima da ilhota, pude constatar que se tratava justamente da peça em ouro que compunha a tocha erguida pela *Lady Liberty*. Raios de sol incidiam sobre aquele metal, que transmutava em dourado toda a paisagem. Fui inundada por arrepios, tomada por uma sensação indescritível de esperança, felicidade, força, alegria de viver. Assim que o barco atracou num forte sacolejo com o povo em pé, pronto para descer, assustei-me ao ver aquela imensa mulher, quase noventa e três metros, de cobre, aço e cimento a poucos metros, praticamente encostada em mim. Quando levantei os olhos e a linda tocha cintilou ardente, eu já chorava copiosamente. Ainda bem que existem óculos escuros. Ali, em pé, tentando me segurar para não resvalar com o balanço do *ferry*, eu acabava de descobrir que o brilho, a luz, o viço da vida esteve e sempre estará nas mãos fecundas da liberdade.

Isto é Itália

Faz tempo. A vida era bem outra. Mais leve, mais livre, com maior segurança. De férias pela pitoresca Itália, meu marido e eu, descemos a bota, contornando o litoral, encantados com aquele *mare nostrum* de um azul intenso e profundo. Sediados em Sorrento, decidimos, por conta própria, sem excursão, dar um pulinho a Pompeia, cidade do Império Romano destruída pelo vulcão Vesúvio e que ficava nas cercanias de Nápoles.

Era domingo quente e ensolarado, final de agosto, ainda verão alto, sem cara de ir embora. A área das ruínas, um pouco deserta, no frescor da manhã inundava-se de cores provindas do fluxo de turistas que, ávidos por descobertas e experiências inusitadas, detinham-se frente a cada esqueleto petrificado, em cada escavação.

Depois de algumas horas de caminhada e de um banho de história, escolhemos retornar à Sorrento, desta vez de trem, na ferrovia Circumvesuviana. Porém, deparamo-nos com um problema. Na saída do parque arqueológico, não havia táxis nem *vans* disponíveis naquela hora. Foi-nos sugerido pegar um ônibus de linha que não passava na frente da estação de trem, mas deixava próximo.

Grande, amarelo, com todas as janelas abertas, o ônibus não estava cheio. Na cadeira alta, o cobrador confabulava com o motorista, que lhe respondia alegre, falando alto e com as mãos. Aos poucos, os passageiros foram descendo, até que restaram somente nós dois. Como eu havia morado na Itália em virtude da pós-graduação, não me foi difícil puxar assunto. Adoraram saber que éramos brasileiros, e logo ficamos amigos. O motorista, inclusive, comentou que conhecera uma mulata linda do Rio de Janeiro e que quase se mudara para o Brasil.

Inesperadamente, o ônibus parou. Motor desligado. O condutor, então, na maior calma, desceu, atravessou a rua e entrou numa sorveteria. Voltou com uma casquinha de duas bolas na mão, sentou-se na primeira fila, no lugar dos passageiros. Quando eu pensei que já tivesse visto tudo, ele dá uma ordem ao cobrador que eu não entendi. Talvez tenha usado o dialeto da região. O rapaz abre um sorriso, levanta-se, pega a direção e dá a partida no veículo.

Lá estávamos nós. Perdidos no sul da Itália, numa cidade pequena, dentro de um ônibus de linha que nos deixaria perto da estação ferroviária, dirigido por um cobrador que eu não tinha a menor ideia da competência ao volante e com o real motorista como passageiro lambendo uma casquinha de sorvete.

Ainda incrédula, ouço o cobrador: "Ecco, siamo arrivati". Olhei. Parei. Fiquei petrificada como os corpos de Pompeia. Eles haviam mudado o percurso e desviado o itinerário para nos fazer um agrado. A nossa frente brilhava a estação de trem.

Isso só acontece na Itália!

De trem para o Porto

Fazer uma viagem internacional, visitar somente um lugar específico ou permanecer em um país por um par de dias, sem planejar uma extensão no roteiro, nunca me caiu muito bem. Sempre procurei dar uma esticadinha a fim de aproveitar o custo-benefício, já que qualquer saída, por menor que seja, envolve programação orçamentária, documentação e um aparato considerável de ordenamento doméstico e profissional para que tudo corra bem durante o período de ausência. Assim, quando fui a Fátima pagar uma promessa e aterrissei em Lisboa, que, aliás, me era uma querida conhecida, me aventurei a descobrir novas paragens portuguesas.

Marido abarrotado de trabalho, agenda cheia, recorri à filha que mora na Alemanha para me fazer companhia. Ela lembrou visitar a pitoresca e encantadora cidade do Porto, patrimônio mundial da humanidade, título conferido pela Unesco e também a segunda maior metrópole de Portugal, situada ao norte do país a umas duas horas da Espanha e de Santiago de Compostela. Para a nossa sorte havia um voo direto Nuremberg-Cidade do Porto. Combinamos o encontro no hotel, ali bem no centro, na Praça da Batalha.

Naquele primeiro de maio, a primavera de céu muito azul e sol quente corria solta e feliz, dourando o Douro, as lendárias freguesias, o casario, o burburinho do cotidiano pleno de gente. No bairro da Ribeira, um correr de restaurantes recebia turistas, que depois se atiravam nos passeios de barco pelo rio. Estudantes uniformizados e vestindo capas pretas dançavam e cantavam, angariando fundos para a formatura na universidade. Era uma festa para os olhos e regozijo da alma. Bacalhau no almoço, impossível outra pedida. E lá do alto do teleférico, eu avistei, na outra margem, a Vila Nova de Gaia, que me deixou grogue depois da degustação nas maravilhosas caves e a magnífica ponte, toda em estrutura metálica, cartão postal da cidade, que minha querida filha fez questão de atravessar a pé e eu tive que superar meu medo de altura.

Em vez de voar, preferi deixar Lisboa em direção ao Porto de trem. Trazia na lembrança um livro que lera na adolescência, *Viagens à Minha Terra*, de Almeida Garret, e queria, como ele, me deliciar com o encanto do solo lusitano. Estava também com saudades dos trilhos. Eu andara muito de trem na Itália no meu tempo de jovem e, nos últimos anos, foi o nosso transporte mais utilizado para os deslocamentos na Holanda, Bélgica e Alemanha. Também não tinha nenhuma referência da malha férrea de Portugal nem de seus comboios e seria uma ótima oportunidade para conhecimento e avaliação. Ao planejar a viagem, fui informada de que os trens para o Porto partiam da estação Santa Apolônia, ali bem próximo à avenida Infante Dom Henrique, quase à beira do Tejo.

A estação não era grande, atribulada, apinhada de gente, correndo atrasada de um lado a outro. Pelo contrário, ampla, ensolarada, um prédio branco e acolhedor que fazia a gente se sentir em casa. Cheguei cedo, muito antes do horário. Quando viajo sozinha, é sempre assim. Vivo adiantada. Talvez para me ambientar, me sentir mais segura, ter tempo de evitar ou resolver algum contratempo de última hora. Com marido ao lado, saio às pressas sacudindo as tranças. Freud deve explicar. Calmamente, então, tomei um suco, peguei um sanduíche para a viagem, que deveria ser longa, umas três horas e meia, e me dirigi à plataforma.

Na hora aprazada, o trem começou a se mover, e meu coração bateu num compasso diferente e mais forte. Aquele sacolejar gostoso que eu nunca esqueci acrescido à expectativa de rever a filha me acariciavam com um bafo de liberdade e bem-aventurança, enquanto meu olhar instigante e inquieto não conseguia acompanhar a paisagem que voava velozmente pela janela. Mais tarde, vislumbrei de longe, lá no alto da colina, a bela Coimbra, que, uma vez, Roberto Carlos eternizou em música e versos. O trem fez uma parada rápida, mas meu destino era outro, não dava para descer.

Depois de umas duas horas de viagem, eu me dei conta que o cobrador não havia entrado no vagão para verificar a passagem. Intrigada, até surpresa com a demora, perguntei ao senhor ao meu lado sobre a cobrança. Ele me olhou indignado e surpreso, deu uma vistoriada geral no vagão, apontou o dedo para as pessoas que ali estavam e me falou em tom professoral: "Ele não vem. Se todos estão sentados é sinal de que compraram a passagem e estão em seus lugares." Não é preciso a verificação". Petrificada, quem levou realmente a surpresa fui eu.

No percurso de volta, mesmo que o trem tenha vindo lotado, com um movimento intenso de passageiros, inclusive em pé, prontos para descer na próxima estação, e o cobrador, como em qualquer viagem, estivesse checando o pagamento do bilhete, naquela ida até a cidade do Porto, eu tive, sem dúvida, uma lição de respeito ao próximo, consideração, retidão e civilidade.

O parasail

Ser profissional liberal, autônoma e com mais idade tem suas vantagens. A viagem de férias não necessita observar o calendário escolar. Assim, num outubro que despertava lindo em Porto Alegre, levando pra bem longe o ranço do frio e as mazelas do inverno, meu marido e eu fomos à Punta Cana, na República Dominicana, bem ali, no centro do Caribe, grudada ao Haiti. País paupérrimo, povo humilde e carente, cuja sobrevivência depende do turismo. Clima quente o ano inteiro, mar limpo, de águas mornas e praias invejáveis, paradisíacas, daquelas que parecem impossíveis de existir e que se veem somente nas telas de cinema, atraem turistas de todo o mundo, que abarrotam a pequena cidade, mais um lugarejo, situada bem distante da capital, Santo Domingo. Na verdade, Punta Cana nada mais é do que um aglomerado de *resorts* de dimensões monstruosas, perfazendo a área de alguns quarteirões com vários restaurantes, para a exigência de todos os paladares e bolsos, teatro, lojas e atrações. Cada um praticamente compõe uma minicidade, recebe pessoas dos mais diversos tipos, idades, raças e culturas e cria tamanho ambiente internacional que despersonaliza totalmente o país e não se sabe mais onde realmente se está, se em alguma nação do Caribe, da Ásia ou da Oceania.

Na entrada do apartamento, fui tomada de susto. Ria de nervosa, incrédula. Algo surreal. Estupidamente grande, com uma jacuzzi na sacada, certamente maior em metros quadrados que qualquer casa desses programas de casa popular no Brasil. E ainda com vista a um jardim extremamente verdejante e bem cuidado ou para a colossal piscina, que mais parecia um rio no meio dos blocos de alvenaria do hotel. A princípio pensei que fosse um presente do marido para me surpreender, qualquer *up grade* de cortesia após tantas viagens, porém, com o passar do tempo, percebi que todos os apartamentos eram iguais e, quando em lua de mel ou aniversário de casamento, aí, sim, tripudiavam na emoção: pétalas de rosa nos lençóis, toalhas arrumadas na forma de cisnes se beijando, bombom para todos os lados. Um esbanjar com letra maiúscula. Loucura total! Haja coragem para cair na realidade depois!

Numa das voltas da praia, sim, porque todos estes *resorts*, são grudados na areia, ficam à beira-mar com praia privativa, me apareceu entre dois coqueiros uma faixa com letras garrafais anunciando festa na piscina dentro de poucas horas. Entendi como um convite pessoal, e lá me fui eu. Sozinha. Traje: banho, motivo: diversão e a alegria como passaporte de entrada. Não demorou muito, a piscina, que não era pequena, lotou. A equipe de animação do hotel colocou música caribenha a todo o volume, distribuiu gratuitamente, em copinhos de plásticos, run e *marijuana* e, quando eu já tonta, com o turma dançando e saracotiando dentro d'água, eles me abrem um canhão de bolas de sabão, e dão um banho de espuma no pessoal. O povo enlouqueceu. Sem dúvida, tornou-se uma das tardes mais memoráveis da minha vida.

As areias de Punta Cana, beirando o paraíso e onde as gaivotas em voo rasante juntam os farelos de comida deixados pela quantidade de turistas que se debruçam ao sol num *resort* ao lado do outro, muito mais do que um cenário onírico, funcionam também como um iluminado e multicolorido salão de festas onde acontece de tudo. Aulas de ginástica e dança, esportes aquáticos, luaus, vendas de produtos típicos. Eu presenciei, nos dias em que estive por lá, três casamentos. Já existe, inclusive, um pequeno pórtico instalado permanentemente na areia para essas ocasiões. Sempre à tarde, com a bênção dos raios intensos do sol e o aplauso das ondas do mar, as uniões eternamente românticas e alegres, em nada fugiam a vistas nas telas de cinema. Havia, porém, uma particularidade que amei. Todos, sem exceção, com noivas impecáveis em seus vestidos brancos, noivos, padrinhos e convidados na última moda e no maior luxo, estavam descalços. Salve a soberania da areia!

O marido no guarda-sol. Eu, então, como um bom bicho-carpinteiro, saí a perambular pela praia, a fotografar com os olhos aquele tempo descontraído e feliz. Lá no céu, bem no alto, flutuava num parasail grande e branquinho. Na hora fui tomada de encantamento e devaneios. Firmei o olhar e vaticinei: "Vou andar naquilo". Estranhei minha decisão, pois tenho medo de altura, uma vez, em Cancun, desisti. Quando retornei ao guarda-sol já estava com o *ticket* do passeio comprado. Se nem eu acreditava no que tinha feito, não poderia esperar outra reação do marido a não ser perplexidade e espanto.

Um barco me levou até a lancha no meio do mar, que sustentava as ferragens do parasail. Com medo de deixar cair o telefone, preferi perder as fotos seguintes e deixá-lo em terra com o incrédulo cônjuge. Confesso que na ida bem que me bateu medo, incerteza, quis parar, porém, felizmente, o barqueiro não entendeu meu espanhol misturado com português e italiano e seguiu em frente. Ao pisar na lancha, me deparei com um garotão de celular na mão tirando fotos. A princípio pensei ser um daqueles fotógrafos profissionais, no entanto não passava do ajudante do timoneiro que fazia fotos para o casal que passeava no parasail. "O celular é deles, Parece que são brasileiros", a resposta que ouvi ao solicitar uma foto também.

Sempre me disseram que meu santo era forte, mas não sabia que era tanto. Quando o casal desceu e pisou de volta na lancha, além de brasileiros e extremamente simpáticos, moravam simplesmente em São Leopoldo, cidade a poucos quilômetros de Porto Alegre. Para provar a segurança do parasail e afastar de vez o meu medo, o rapaz sugeriu que a esposa subisse comigo e, como se não bastasse tirar fotos nossas deslumbrantes, ainda fez um filminho.

Assim que eu postei a façanha nas redes sociais, minha cunhada, casada com meu irmão aviador, me liga eufórica do Qatar: "Era tu mesmo lá em cima? Só o teu irmão que faz essas loucuras."

Viajar dá nisso. Muitas vezes, descobrem-se forças que nunca se imaginou ter e encontra-se, no espelho, uma pessoa que, até então, nos era desconhecida.

Tradicionalismo no céu

Era maio. Voo internacional Lisboa-Porto Alegre. Lotado. Eu vinha do Centenário das Aparições de Nossa Senhora, em Fátima, e estava sentada numa poltrona no corredor. Quando a aeronave estabilizou-se, atingiu a altitude de cruzeiro e os avisos luminosos liberaram o uso do cinto, percebi um movimento de mulheres em direção a duas outras sentadas na minha fileira, mas do outro lado do corredor. Uma após outra foi chegando devagar com rostos assustados, nervosas, falando sem respirar. Não demorou muito estava formado um conglomerado feminino interrompendo a circulação.

Agachadas em volta das minhas vizinhas, elas transbordavam desespero, uma angústia difícil de identificar. Era possível ouvir somente frases soltas: "Fizemos de tudo, falamos até com o comandante. O marido vai pegar a mala. Ela deve voltar no próximo avião. Mas só amanhã." Aos poucos, os ânimos foram acalmando e, na pós-cartase, quando tudo serenou e os comentários tornaram-se bem mais pausados e audíveis, pude entender a situação. Pequeno grupo de amigas, em *tour* pela Europa, voltava ao Brasil. Uma integrante, no entanto, depois de passar a imigração e carimbar o passaporte, não entrou no avião e ninguém sabia onde estava. Com razão o pânico. Ela havia chegado ao aeroporto com as horas previstas de antecedência, feito o *check in*, despachado a mala, passado pela *dutyfree* e realizado todo o processo imigratório. Talvez tenha entrado numa das lojinhas na frente do portão de embarque e perdeu-se em novas compras. Confiando no chamado das colegas, distraída, não ouviu o autofalante e conseguiu a façanha de perder o voo na boca do túnel! Inacreditável! Coisas impossíveis acontecem em viagens!

Passada a tensão, toda a tragédia termina em humor e gostosa risada. Não havia mais nada a fazer. A amiga ficou. Retornaria no próximo voo. Ainda estupefata com a história e digerindo o acontecido, não acreditei no que ouvi a seguir. Como diz o dito popular: "Deixei cair os butiás do bolso". De repente, uma delas emergiu daquele entrevero, deu um suspiro, olhou para os lados como que quisesse certificar-se de onde estava, sacudiu os ombros e anunciou ao grupo: "Gurias, vou lá no fundo ver se tem água quente pro chimarrão".

Gaúcho que é gaúcho sabe que não há lugar, tempo ou espaço que possa impedir o culto da tradição.

Emirados Árabes Unidos

Quatro dias em Dubai, destino final: Sydney, na Austrália. O estranhamento iniciou bem cedo, ainda no aeroporto, na entrada dos Emirados Árabes Unidos. Salão desmedido, lotado de gente, iluminação feérica, uma infinidade de guichês, movimento intenso, apesar da madrugada. Entre a polifonia das vestimentas estrangeiras, destacava-se o largo número de árabes caminhando por entre o povo, de túnicas muito brancas e turbantes na cabeça. Bonito de ver. Não encontrei policiais, escolta feminina, como nos Estados Unidos e nos países da Europa, mas, sim, uma presença masculina vigorosa. Quando já preparava os dedos para a identificação das digitais, fui surpreendida com o reconhecimento feito pelas íris dos olhos através do olhar fixo a uma câmera situada acima do balcão da imigração. A íris, por ser tão única e particular em cada pessoa, iguala-se às digitais.

Uma viagem a lugares distantes e exóticos, às vezes, embaralha a geografia. Meu marido reservou hospedagem em Abu Dhabi imaginando ser um bairro de Dubai. A bobeada, em vez de prejudicar, permitiu visitarmos duas belíssimas cidades. O hotel com todas as condições para encantar uma esposa e recriar a atmosfera das mil e uma noites, impôs desde logo o poder cultural, quer nas vestimentas, na arquitetura, como nas teclas do teclado dos computadores, todas em caracteres árabes. Também não demorou muito para eu sentir na carne as agruras de ser segundo sexo em território islâmico.

Do lado de fora da imponente Mesquita do Sheikh Zayed, a maior do país e local suntuoso de adoração e orações, após algumas fotografias, fui interceptada por um guarda local. Por sorte não me confiscou a máquina. Obrigou-me, no entanto, a apagar os últimos registros. Sem saber, eu infringira uma lei. Havia posado ao lado do marido e, para piorar a situação, abraçada. Nada demais. Braços entrelaçados. Lá, qualquer aproximação feminina é proibida. Os casais devem ficar separados, e a mulher, a mais ou menos, um metro de distância do cônjuge, mesmo em fotos.

A entrada na mesquita reservava novas surpresas. Vestuário com regras rígidas. Embora houvesse um quadro indicando a vestimenta apropriada aos sexos, todas as mulheres, sem exceção, ao adentrarem no magnífico átrio de mármore, anterior ao coração da mesquita, precisavam colocar sobre a roupa uma *abaya* preta, bem parecida com a burca, mas sem véu ou tela, deixando o rosto descoberto. Depois, em negro da cabeça aos pés, completamente iguais, sem nenhuma identificação pessoal, tornava-se um jogo de quebra-cabeça encontrar o acompanhante.

Abu Dhabi, a capital dos Emirados Árabes Unidos, dista um pouco mais de cento e trinta quilômetros de Dubai, a maior cidade de outro Emirado com o mesmo nome, na costa do Golfo Pérsico. De táxi, despendemos hora e meia numa *freeway* linda e em excelente estado de conservação, rasgando o deserto. Céu claro, calor, enxergava-se somente areia por todos os lados. Tanto Abu Dhabi como Dubai surgem de repente, do meio do nada. Prédios suntuosos, enormes, excêntricos, estonteantes. A arquitetura de vanguarda impõe o poderio dos *sheiks* num solo árido e impacta o mundo.

O petróleo alicerça um forte potencial de riqueza, mas os Emirados precisam importar água até mesmo para molhar as plantas. A linguagem em Dubai é escrita por meio de superlativos. Tudo se traduz em ser o melhor, o maior, de modo que o deslumbrante passa a ser um adjetivo de lugar comum, corriqueiro. Entre as maravilhas, encontram-se o Burj Khalifa, com oitocentos e vinte e oito metros de altura, o maior arranha-céu já construído pelo ser humano, e o Hotel Burj Al Arabe Jumeirah, classificado como o único sete estrelas e mais luxuoso do mundo, com janelas que vão do chão ao teto. Foi, no entanto, no Dubai Mall, o maior *shopping* do planeta, com a bagatela de um mil e duzentas lojas, cento e vinte restaurantes e um aquário gigante, capaz de colocar os parques da Disney no bolso, onde ocorreu o nosso mais inusitado e inesquecível acontecimento da viagem.

Estávamos num desses quiosques de aparelhos celulares, lojinha de corredor despretensiosa, igual a tantas outras de nossos *shoppings* locais, quando se aproximou do balcão um rapaz muçulmano, bonito, esbanjando simpatia, seguido da esposa. Ele todo de branco, túnica e turbante; ela de burca preta, somente com uma fresta mostrando os olhos. Se para o povo local qualquer contato acarretava confisco de bens, imagina chegar perto de um cidadão árabe! Prisão com certeza. O casal veio se aproximando até que ficou quase ao meu lado. Senti um arrepio de excitação. Meu marido franziu o cenho, me fuzilou com um olhar de reprovação. Ele conhece muito bem a mulher que tem. Porém, desta vez, eu fui mais rápida. Voltei-me ao rapaz e num inglês macio e educado, disse-lhe ser do Brasil e pedi sua permissão para tirar uma foto com a esposa. Alegre, atendeu ao meu pedido. E fez melhor: sugeriu uma foto com os dois casais juntos. O atendente do quiosque serviu de fotógrafo. Os homens no meio, as mulheres nas pontas. O árabe posicionou-se e esboçou um sorriso. Nós dois também sorrimos. A moça, quando pressentiu o *clic* da máquina, baixou o véu, cobriu o rosto e desapareceu no negro total.

    O século é o vinte e um. Ainda não para todos.

O Fim do Mundo

A ideia era de uma viagem diferente. A Europa, a América do Norte, a distante Austrália e alguns países da Ásia já compunham o álbum de lembranças inesquecíveis. Desta vez, as férias deveriam alcançar alguma localidade exótica, única e deslumbrante, que combinasse também com o tempo e o orçamento disponíveis. Um dos roteiros fez meus olhos chisparem de surpresa e curiosidade. O arquipélago da Terra do Fogo, no extremo sul da América do Sul, denominado também de Fim do Mundo e localizado na Patagônia, seria algo realmente imperdível e, com toda a certeza, repleto de grandes emoções. Além disso, era ali na Argentina, pertinho de Porto Alegre. Nos folhetos multicoloridos de viagem, as fotos das paisagens do Fim do Mundo, com suas pequenas cidades, canais e glaciares, se tornavam tão inacreditáveis que, ansiosa, não via a hora de partir para lá. "É nesse roteiro que nós vamos", indiquei ao marido, não lhe dando chance para negação.

O carnaval naquele ano foi trocado pela Patagônia, que ocupa quase um terço dos territórios da Argentina e do Chile, com terras pouco habitadas, cenários inóspitos e belezas naturais, numa junção perfeita de rios, lagos, montanhas, vales e campos. Eu nunca gostei de temperaturas baixas, sempre fui avessa a viajar durante o inverno, mas, em virtude do intenso frio da região, e põe frio nisso, essas viagens são realizadas somente durante os meses do verão e, no máximo, até abril. Depois, seria por poucos dias e a oportunidade única e rara. Assim, de Buenos Aires descemos até Ushuaia, a cidade mais austral do planeta que aproveita e explora bem essa localização, fazendo um belo e robusto marketing. Por lá se encontram lojas, bancos, *souvenirs*, vinhos ou qualquer outro produto taxados como sendo do Fim do Mundo.

Na pequena e encantadora Ushuaia, iniciamos o cruzeiro para desbravar a Terra do Fogo, assim chamada em virtude das fogueiras que os nativos acendiam para se esquentarem do frio. O Stella Australis, da Companhia de Navegação Australis, é um navio possante, compacto, com capacidade para duzentos passageiros, outro estilo bem diferente daqueles que fazem o Caribe, mas luxuoso por dentro e que realiza praticamente uma verdadeira expedição por aquele território visitado tempos atrás também por Charles Darwin. A rota náutica parte do Ushuaia, na Argentina, em direção a Punta Arenas, no Chile, atravessa o Canal de Beagle e o temido estreito de Magalhães, fazendo paradas em geleiras, que em espanhol se chamam glaciares, baias e santuário de pinguins. Maravilha em grau máximo.

A viagem, onde não há nenhuma possibilidade de compras, *shopping*, restaurantes ou qualquer tipo de entretenimento promovido pela mão humana, a não ser a fantástica observação da flora e da fauna, torna-se verdadeira exaltação à magnitude da natureza. É algo indescritível; não se tem palavras para contar o que é sair toda encasacada num pequeno bote salva-vidas para o meio do oceano e se deparar com um glaciar, um gigantesco paredão de gelo, que, de repente, com um estrondo, deixa cair um de seus blocos. Transcende o surreal, o inimaginado.

Nesse cruzeiro não há tempo ruim. O passeio sai de qualquer jeito. Era o dia da visita ao exuberante Glaciar Nena. O céu amanheceu cinza fechado, caía um chuvisco forte, um frio de roer os ossos, de doer a alma. Eu pensei que a programação seria suspensa. Doce ilusão! Quando notei, começaram a baixar os barcos salva-vidas. E lá fomos nós com gorros, duas calças compridas, cirolões, blusão sobre blusão, gorros, luvas, mantas e botas de borracha emprestadas pelo navio. Doíam as mãos, doía tudo com o frio exorbitante e o coração batendo de ansiedade e medo. Eu estava no meio de um oceano gelado, num barquinho que parecia uma casca de noz frente a um glaciar estupidamente imenso e branco que chegava a ser azul. Foi, sem sombra de dúvida, um dos momentos mais espetaculares, mais grandiosos que tive na vida.

No dia seguinte, a previsão seria o Cabo Horn, território chileno, o último pedaço de terra habitado antes da Antártica, o verdadeiro fim do mundo. Ponto de encontro entre os oceanos Atlântico e Pacífico e reserva da Biofesra da Unesco, cultiva o mito de local de dificílimo acesso. Situado no Estreito de Drake, um dos mares mais perigosos do planeta, o Cabo Horn é uma rota importante para as embarcações que navegam os dois oceanos, porém extremamente insegura, assustadora e arriscada. Sendo também um dos maiores desafios náuticos, por lá já naufragaram mais de oitocentas embarcações, morreram muitos piratas, marinheiros, caçadores de baleias, exploradores e, até hoje, os ventos chegam a duzentos quilômetros por hora e podem derrubar até mesmo os mais equipados navios.

Embora a Companhia Australis faça de tudo para cumprir a programação, nem sempre é possível visitar o Cabo Horn, em virtude dos fortes ventos e das ondas altas, que chegam até quarenta metros. Tivemos sorte. Mais uma vez, em pequenos botes conseguimos galgar a terra, pisar no lindo gramado verde que recobre o penhasco. Chegamos até o imponente e apoteótico monumento do Albatroz, uma escultura de concreto seccionada em duas partes e onde a escritora Sara Vial deixou um poema em homenagem a todos os que perderam a vida na travessia entre os oceanos Atlântico e Pacífico. O grupo se amontoou em volta da escultura para fotos. Não lembro o que houve, acho que me demorei mais na subida da escada em madeira, fiquei mais para trás e quando cheguei no local o famoso Cabo Horn estava praticamente vazio. Então, só, bem sozinha, fui até a beira, fiquei em frente àquele apavorante mar, com o verdadeiro fim do mundo. Abri os braços com toda a força que tinha, respirei profundamente aquela energia vigorosa, fiz uma prece e me entreguei à gratidão.

Um ET na China

Pisar na Ásia para os lados do Oriente, conhecer a República Popular da China e respirar uma história milenar e um tanto misteriosa, sempre fora um grande sonho. Inesperadamente, o marido recebeu um roteiro a preços convidativos tanto a parte aérea como a hotelaria. Afinava-se com férias e o nosso aniversário de casamento. Irrecusável. Previsão de tempo lindo, céu claro, verão forte, nada de chuva.

Viajada, mente aberta, visão alargada do mundo e das pessoas, eu ainda levava na carona um bom conhecimento de inglês, francês, italiano, fora o português. Nada me surpreenderia. O marido, além de proficiente na língua inglesa, completava a bagagem com um espanhol fluente e um alemão castiço, aprendido na casa paterna. Leque imbatível de idiomas para suportar os imprevistos de qualquer viagem.

Assim, depois de umas treze horas de voo de São Paulo a Dhora, no Qatar, e mais cinco até a China, aterrissamos em Beijing. A recepção do guia feita em inglês, acrescida do cansaço e da tonteira provocada pelo fuso horário, sendo difícil identificar com precisão o dia da semana e a hora local, retardou o choque cultural. Como nada é para sempre, já na primeira refeição fora do hotel, percebemos não ter valia nossa pluralidade linguística. Os cardápios encontravam-se em mandarim. Para facilitar os clientes, havia a fotografia de cada prato. Qualquer outra informação das mais simples, como pedir bebida, se fazia necessário chamar um garçom. Até aí, nada de novo. No entanto, são raros os atendentes, isso quando o restaurante oferece esse luxo, capazes de entender inglês. Manter conversa, nem pensar. Dez palavras, se muito. Estávamos no centro de Pequim, ou seja, Beijing, a capital do país, em pleno século XXI.

A promessa alardeada às amigas de trazer produtos às pencas fabricados na China e, logicamente, a baixo custo, acrescida da ideia de um acesso fácil a lojinhas chinesas como as localizadas em todas as capitais do Brasil, aos poucos foi ficando distante e abortada sem constrangimento. Comunicação oral difícil, escrita indecifrável, comprar transformou-se num espetáculo teatral de primeira qualidade. A mímica, aprendida nas aulas de teatro do colégio, salvou a pátria. Nos grandes *shoppings* de Shangai, as vendedoras são atenciosas, simpáticas. Não falam nem entendem outro idioma a não ser o seu e, para qualquer pergunta, repetem palavras memorizadas em inglês. Não importa qual a demanda, a resposta é sempre a mesma. Quando eu me interessei por um vestido e quis saber se haveria em outra cor, a moça alegre, como se estivesse me compreendendo perfeitamente, me disse, sacudindo a cabeça com ar de felicidade: *dresses, beautiful*. Nem tentei retomar a encenação. Elas só sabiam sorrir.

Ao longo do percurso às Muralhas da China, o *tour* fez uma parada estratégica numa fábrica especializada em objetos de jade, verdadeiras joias. Atrás do amplo saguão de entrada e exposição, havia um corredor envidraçado do qual se podia avistar poucas e pequenas salas contendo uma mesa alta de marceneiro e um banco tosco de madeira. Em cada uma delas, funcionários, ainda jovens, de ambos os sexos, escavavam a pedra e, com precisão milimétrica, davam-lhe uma forma e a transformavam em obra de arte. Isolados, trabalhavam sozinhos sem interagir com colegas, muito menos com turistas. Não entendiam outra língua a não ser o mandarim. Não havia produção em massa, fórmulas determinadas ou qualquer máquina ali dentro. O ofício, mantido como um segredo, era herança de família, passada de pai para filho. Surpresa diante da realidade totalmente inusitada à era pós-moderna, repleta da mais alta performance tecnológica, jamais imaginei presenciar o fato pitoresco que viria a acontecer e no qual teríamos significativa participação.

A imensa Praça da Paz Celestial, no centro de Beijing, a terceira maior do mundo, na manhã acalorada de um julho tórrido, auge do verão, ardia de turistas. Conhecida também pelo massacre aos estudantes, em 1989, acolhia, naquele dia, milhares de chineses em férias escolares visitando a capital. Gente por todo lado. Idealizada à semelhança da Praça Vermelha de Moscou e coração simbólico da China, eu, dentro daquele espaço imensurável jamais visto, não conseguia esconder o deslumbramento a cada passo. Tudo tão lindo, majestoso, exuberante! Não demorou muito, chamou minha atenção alguém vindo em nossa direção e posicionando-se bem ao lado de meu marido. Virei-me e encontrei uma chinesinha, uma das tantas adolescentes de cabelos lisos e negros e pouca altura. Ao ser flagrada, ficou sem jeito, me sorriu amarelo. A mãe, como fotógrafa, eternizava a presença da filha, junto àquele alemão robusto, alto, branco, com alguns fiapos de cabelo dourado a esconder a careca, olhos verdes, bochechas rosadas. Sem dúvida, um verdadeiro ET.

Surpreendidos, rimos os quatro.

Até quando vamos nos ver diferentes uns dos outros?

A atenção nos aeroportos

Nas viagens internacionais, um lugar a que dedico meu mais profundo respeito são aos aeroportos. Estruturas gigantescas, feéricas e diuturnamente barulhentas, são relicários de memórias embalados num coquetel de emoções. Pulsam numa mistura de expectativas, ansiedade, tristeza e alegria e onde eu já vivi, não poucas vezes, momentos que beiraram o desespero.

Os aeroportos das grandes capitais do globo, dos maiores centros econômicos e culturais do planeta são verdadeiras cidades. Em cada um deles encontra-se o mundo. Moedas das mais impensadas divisas, paladares exóticos, comércio de primeira linha, pessoas de todas as nacionalidades, credos, culturas, raças e de lugares que nunca se ouviu falar. Isso tudo transpirando junto com as mais variadas demonstrações de sentimento, encenadas entre lágrimas e sorrisos, chegadas e partidas, despedidas e reencontros.

Cidades sem bairros ou arrabaldes, os aeroportos são constituídos por terminais. E aí mora o perigo. Todo cuidado é pouco, atenção extrema. Os terminais distam muito um do outro, fazendo-se necessário pegar um ônibus interno para o deslocamento entre eles; são independentes, praticamente têm vida própria. Os voos chegam num determinado terminal, a conexão parte de outro; o tempo de espera, às vezes, é exíguo, outras extremamente longo. Haja respiração diafragmal e pensamento positivo para suportar o *stress* e a ansiedade e alcançar, sem contratempos, o portão de embarque, logicamente situado a quilômetros de onde estamos. Isso sem falar que nos grandes aeroportos é bem comum a bagagem ser retirada em outro prédio, diferente daquele em que se chegou e precisarmos buscá-la utilizando o *monoreil*, um tipo de trenzinho suspenso. Não há Gardenal que aplaque o espanto, o medo e acalme o sistema nervoso.

Poucos anos atrás, minha filha foi trabalhar e, consequentemente, morar na Alemanha, em Nuremberg. Em dado momento, minha presença se fez necessária. Confesso que, no início dos preparos, me bateu insegurança. Logo a Alemanha, suspirei em calafrio! Tenho conhecimentos de inglês, francês, italiano, porém eu não sei absolutamente nada do idioma alemão. Nem ler, escrever, muito menos pronunciar. Tomei coragem e ânimo ao relembrar minha experiência em viagens, as palestras que fiz sobre o assunto e o preparo de jovens para a primeira revoada ao exterior. Destemida, lá me fui eu. Sozinha.

A viagem Rio-Frankfurt transcorreu sem transtornos. Onze horas sem escala. Tempo mais que suficiente para tirar qualquer um do prumo devido ao cansaço. Tive muita sorte na chegada. A moça que veio ao meu lado no avião indicou-me o corredor para Nuremberg. Não demorou muito o abraço apertado cobriu de beijos a saudade, e a felicidade permeou todos os passeios, inclusive a visita à Octoberfest. Depois de alguns dias de frio com a chegada do inverno no continente europeu, a despedida aconteceu doída, com as lágrimas não conseguindo segurar o aperto do coração.

De retorno a Frankfurt, atenta, cautelosa, procurando evitar qualquer problema num aeroporto daquele porte, certifiquei-me pela enésima vez que o terminal de saída para o Brasil seria mesmo o de número um, sendo o treze o portão de embarque. Para a minha felicidade, o avião pousou justamente no terminal um. Procurei o portão treze. Reconhecido o local, entreti-me na doce espera. Comprei um cachorro-quente com salsicha branca, daquelas bem alemães e com todos os molhos a que tinha direito, me refestelei numa das cadeiras livres e disparei ligações à minha filha, ao marido em Porto Alegre, até para uma amiga querida. Sentia-me segura, autossuficiente, poderosa, quando o alto-falante anunciou o embarque para Milão através do portão treze. Gelei. Estarreci. Alguma coisa deveria estar errada. A fila começava a crescer e a encorpar, e eu reconhecia claramente aquele sotaque tão querido e familiar. Olhei no relógio e faltava meia hora para a saída do meu voo. Ofegante, beirando o desespero, me despenquei em desabalada corrida tentando encontrar alguém, qualquer um que, naquelas alturas, pudesse me explicar o que estava acontecendo. Um comandante me apontou uma escada, outra aeromoça sugeriu virar o corredor. Tomada pelo nervosismo, eu não entendia nada. Minha angústia era tanta, que o céu mandou um anjo, e alguém veio ao meu socorro. Realmente o terminal era o número um, o portão o treze. Porém, ao lado do número um, que indicava o terminal, havia em maiúsculo a letra "C", a qual me passou totalmente despercebida e a que, na verdade, nem prestei atenção mesmo. A bendita letra simplesmente indicava uma das áreas dentro do terminal. Assim, era preciso percorrer, num espaço diminuto de tempo, aproximadamente uns oitocentos metros até a área C, passando primeiro pelas áreas A e B, imigração e revista de objetos. E lá chegando tentar encontrar o famigerado portão treze.

Na fila de embarque para o Rio de Janeiro, depois de muita corrida e suador, uma de minhas professoras da psicologia me sorriu. Eu retribuí, mas não pude cumprimentá-la mais efusiva. Estava tão nervosa que havia esquecido seu nome. Simplesmente se apagou da minha memória. As emoções são arteiras. Elas tanto podem iluminar e colorir nossa vida, como nos deixar cegos, surdos e mudos.

Em aeroporto toda atenção é pouca. É também justamente ali onde até os mais experientes revelam seus medos e cometem bobagens.

Dervixes

O culto da religião, venerado de forma diversa em cada país e por onde o homem busca um encontro mais profundo consigo mesmo e com o Criador, tem sido um dos elos fortes para sustentar, não só a fé, mas a sobrevivência de toda criatura no mundo. Rituais, festas, penitências, visitas a locais sagrados são práticas que chamam a atenção e impulsionam, com robustez, o turismo internacional. E há demonstrações, hábitos e espetáculos que tratam da interiorização e da transmissão de paz, amor e boas energias que nem se imagina.

Numa manhã quente e ensolarada de final de maio, já primavera escancarada, entrei no hotel na praça Taksim, centro de Istambul, na Turquia, equipado com ostensivo aparato contra bombas e terrorismo. Aeroporto bem distante, pra lá de quarenta minutos de táxi. Apesar do cansaço, minha alma em festa olhava para tudo e para todos querendo guardar a emoção do encontro de cada pedacinho daquele início de Oriente. Constantinopla, balbuciava eu, encantada, lembrando os livros de História do colégio. Também não acreditava ter conseguido chegar lá. Mais um sonho realizado! A capital do Império Romano, Bizantino e Otomano, Bizâncio e o Comércio do Oriente se descortinavam para mim, não mais num passado remoto, porém na magnitude do século vinte e um. A Mesquita Azul, construída pelo sultão Ahmed I, lá nos primórdios de 1600, a

Hagia Sophia, o Grande Bazar com seus duzentos mil metros quadrados, gigantesco labirinto de lojas onde o ouro é o comércio principal, rodopiavam na minha cabeça, excitada de curiosidade e ainda tonta da longa viagem com escala em Paris.Mas, quando abri as cortinas do apartamento no décimo quarto andar do hotel, e aos meus pés, lá embaixo, corria placidamente o Estreito de Bósforo, tão azul como o límpido céu, separando a Europa da Ásia, plena de emoção, caí de joelhos.

Istambul, linda demais, bem que poderia ser a capital da Turquia. Imensa, iluminada, vibrante, majestosamente serena e ao mesmo tempo caótica, com quinze milhões de habitantes, impossível não ficar indiferente aos contrastes. Cidade rica devido ao comércio, especialmente ao mercado do ouro e de especiarias, acolhe uma população pobre e tremendamente religiosa que reza cinco vezes ao dia nas mesquitas e reparte a invasão de euros e dólares com a lira turca. Além de situar-se entre dois mares, o Mar de Mármara e o Mar Negro, o Estreito de Bósforo a posiciona em dois continentes, a Europa e Ásia, tornando esta antiga Constantinopla oriental demais para ser europeia e demasiada europeia para ser asiática.

Numa das noites, aproveitando a presença luminosa da filha, em férias conosco, fomos os três até a estação de trem de Sirkeci para assistir a um espetáculo de dança dos Dervixes Rodopiantes. Eu não tinha referência nem a mínina noção do que se tratava. O folheto promocional mostrava uns homens dançando com uma saia rodada, braços abertos e chapéu em forma de cone numa sala relativamente pequena e com pouco público, nada comparado a um palco de teatro. O espetáculo não demorou muito mais que hora e meia. A entrada deles aconteceu de forma leve e suave, mas quando a dança pegou fogo com aquelas figuras girando cada vez mais rápido, sem parar, entrando praticamente em transe ao som da melodia forte, alta e cadenciada e as saias balançando como se tomadas por um vento forte, me bateu uma energia inexplicável e poderosa que me sacudia e parecia que me levava aos céus. Havia algo de mágico e místico que eu não conseguia captar.

Profundamente impactada com a apresentação, soube nas minhas buscas que Dervixes Rodopiantes fazem parte do sufismo, uma vertente mística do Islam, e a dança conhecida como Sema, na verdade, é um cerimônia das mais tradicionais da Turquia, uma viagem mística, um ritual de meditação a fim de buscar uma comunhão direta com Alá, uma união com Deus. Usando vestimentas inusitadas para homens, eles rodopiam em torno do próprio corpo, acreditando, assim, que podem atingir o nirvana e elevar a alma aos céus através do amor e da perfeição.

Na inesquecível e dicotômica Istambul, a tão histórica e secular Constantinopla, inebriante com seus mercados de iguarias, tapetes e ouro, descobri, justamente ali, que o Estreito de Bósforo divide dois continentes, a Europa da Ásia, praticamente separa o mundo em duas partes, mas são os Dervixes com sua dança-oração que, rodopiando sem parar, quase em transe, que unem a humanidade ao levarem a alma ao encontro de Deus e o homem à perfeição por meio do amor.

Da Clarice ao Drummond

Meu sonho de consumo continua sendo morar no Rio de Janeiro. A cidade desde sempre exerceu um inquietante fascínio sobre mim. A alegria do carioca, a praia, a música, o doce balanço da Bossa Nova iluminada por Vinicius, Toquinho, Tom Jobim, o samba quente penetrando nas veias, sacudindo o esqueleto, parece que nasceram comigo! Vida mais leve, à beira das ondas, junto ao mar, despreocupada, sem tantas regras e convenções! Bênção de Deus! O pior, que eu morei lá. Na idade errada. Até hoje não me conformo. Sempre achei uma tremenda injustiça. Falha crucial de gestão do céu. Meu pai, militar do exército, ao cursar a Escola Técnica, transferiu-se com a família de Porto Alegre para a Praia Vermelha. Na época só existiam minha mãe e eu. Meu irmão nasceu lá. Sortudo! Assim, do primeiro aos quatro anos, cheirando a maresia, sol no corpinho da bebê, bem protegida pelo chapeuzinho branco de fustão, dei meus primeiros passos no pequeno calçadão costeado de coqueiros que, para mim, iam ao infinito. Com o bracinho ao alto, abanava ao bondinho do Pão de Açúcar, mais um brinquedo que passava pertinho da janela do apartamento.

No final da adolescência, voltei. O Rio da minha infância! Excitada, me beliscava para ter a certeza de ser mesmo verdade. Além de uma energia contagiante de esplendor e plenitude, adentrava à minha alma um calor restaurador após meses de frio, e meus olhos, desconhecendo tamanha beleza, pediam descanso junto à sombra das amendoeiras. Tudo me parecia mágico. Logo percebi não ser aquela apenas uma viagem de reencontro com um amor antigo, mas, sim, o resgate de mim mesma que ficou atirada por anos lá atrás. Desde então, não mais me separei da cidade. Migalhas de um salário espremido, dinheiro de aniversário ou mesmo a desistência de uma roupa mais *fashion* e ousada, tudo servia para inteirar o custo de uma nova passagem.

Nos últimos anos, por sorte ou bênção, tenho ido mais amiúde ao Rio. Meu marido integra o conselho fiscal de uma estatal ali sediada e, quando as reuniões presenciais antes da pandemia, coincidiam com uma sexta-feira, era inevitável, eu sempre pegava carona na viagem dele. Há pouco me surpreendi ao perceber que nessas idas e vindas não alço mais o pé fora de Copacabana. Toda vez me prometo rever outros pontos turísticos, visitar novos lugares, mas basta o táxi passar a Princesa Isabel e entrar na Avenida Atlântica para começar a minha perdição. Encantada com o visual, o sol roçando a pele e o cheiro da água salgada inebriando os pulmões, não demora um minuto para a promessa ser esquecida. Os cariocas dos outros bairros que perdoem minha visão limitada, quiçá restrita, interioriana, até preconceituosa. Mas aquela orla em leve curva me abastece de energia, ativa a dopamina, revigora-me por completo. Uma caminhada pela calçada listrada de pedrinhas portuguesas torna-se sempre algo surpreendente e inesquecível. Aos domingos, então, quando um lado da avenida é fechado para o trânsito de veículos, tudo vira um grande salão de baile, uma festa. Lembro-me de minha filha ainda pequena. Assim que aprendeu a andar de bicicleta, a levamos no final de semana ao Rio. Papai na frente, ela no centro e a mamãe na retaguarda, de Copacabana a Ipanema, de Ipanema a Copacabana, desviando de transeuntes, gente fazendo *cooper*, ambulantes, batucadas e turistas de todas as partes do mundo, ela experienciava o sabor gostoso da liberdade num território genuinamente internacional.

Por todos os cantos do planeta há trilhas e caminhos da mais pura beleza, ícones imperdíveis de visitação. É impossível, chega até ser um atentado turístico, não fazer o Caminho dos Filósofos em Heidelberg, na Alemanha, perambular sem pressa ao redor do Tidal Basin, junto ao rio Potomac, em Washington durante o Festival das Cerejeiras ou não sair cambaleando após degustação nas caves de Epernay, região da Champagne, na França.

Distraídos pela sensualidade das mulatas, a batucada do samba e a vibe de alegria e descontração que impera na praia, a maioria do povo não percebe que o Rio de Janeiro também é berço de um dos mais belos tesouros paisagísticos do Brasil. Os poucos quilômetros que separam a estátua da Clarice Lispector, na Pedra do Leme daquela de Carlos Drummond de Andrade nas imediações do Posto Seis, além de um tributo solene à nossa literatura e seus grandes poetas, sem sombra de dúvidas, perfaz um dos caminhos mais belos e imperdíveis do turismo nacional.

Ary

Em um julho qualquer, verão nos Estados Unidos, partimos do porto de Miami para mais um cruzeiro no Caribe, naqueles navios gigantescos de treze andares, com elevador panorâmico e decoração luxuosa ostensiva bem à moda americana, repleta de brilho e extravagância. Abarcava lojas, três a quatro restaurantes requintados, um outro enorme para *self-service* que apelidamos de bandejão, cassino, teatro, área de lazer com duas piscinas, uma ao ar livre e a outra térmica, várias *jacuzzis,* galeria de arte, boate, sala de jogos, biblioteca, telão para cinema, quiosques servindo lanches da manhã à noite. Fora uns dois mil passageiros distribuídos em cabines, desde as internas situadas no meio dos *decks*, àquelas com janelas externas e sacada até as suítes. O comandante, quase sempre italiano, lá no alto da torre de comando e um *staff* de oficiais e profissionais especializados, de impecável uniforme branco, circulavam de vez em quando pelas dependências da embarcação. O resto da tripulação, que somava em torno de mil pessoas, era composta por médicos, fotógrafos, animadores, músicos, dançarinos, artistas em geral, engenheiros, mecânicos e muitos jovens destinados aos serviços básicos de limpeza, arrumação, cozinha, provenientes, a grande maioria, de países pobres da Ásia, como Filipinas, Indonésia, Tailândia, Vietnã. Enfim, era uma cidade flutuante que, aos auspícios do sol do Equador, deslizava nas águas azuis e plácidas do Mar do Caribe.

As companhias de navegação fazem o possível e o impossível para agradar e fidelizar o cliente, valendo-se dos mais variados recursos, de modo a surpreender, encher os olhos e deixar memórias inesquecíveis. Não se esquece mesmo. Os *shows* no teatro, após o jantar, em nada diferem dos espetáculos da Broadway. As cabines arrumadas com esmero, independente do andar e da categoria em que se encontram, são decoradas todos os dias com bichinhos como macaco, elefante, foca, coelho, feitos com toalhas. A alimentação é um capítulo à parte. Tudo incluído, liberado, exceto bebida alcoólica. Exagero, excesso, demasia são ainda poucos os adjetivos para dar uma noção da orgia alimentícia que acontece a bordo. Há horários definidos para o café da manhã, almoço e jantar nos restaurantes mais estilosos, porém o bandejão é aberto durante o dia e a noite, oferecendo todos os tipos de carnes, saladas, verduras, acompanhamentos e toda uma linha de quitutes, de bolos, doces e confeitos. Como não bastasse, há cachorro-quente e *pizza* durante vinte e quatro horas, servidos nos quiosques das piscinas da proa e da popa. Há máquinas de sorvete já com as casquinhas penduradas ao lado para facilitar o consumo, no entanto muitas não saem do lugar. O pessoal se serve utilizando cumbuca para sucrilhos ou prato de sopa. A tentação é monstruosa. Impossível não engordar num cruzeiro.

Há sempre muito trabalho a ser realizado na embarcação. Os jovens camareiros, cozinheiros, garçons, atendentes estão sempre em atividade, falam pouco, executam muito Havia uma moça magra, não muito alta, com feições asiáticas que me sorriu algumas vezes quando a vi passar no bandejão, carregando no alto do braço direito uma enorme bandeja repleta de fatias de torta. No outro dia, quando ela recolhia os pratos e limpava a mesa que eu prentendia usar, não me contive. Quis saber seu nome, país, algumas informações a mais, conhecer um pouco daquela moça que passava despercebida por tantos. Começamos a conversar em inglês. Ary me contou ser do interior da Indonésia, de um lugarejo perto de Bali, proveniente de uma família modesta, de poucos recursos, que trabalhava nas plantações verticais de arroz. Veio aos Estados Unidos por melhores condições de vida e para mudar seu futuro. Os navios eram uma fonte segura de renda e trabalho. Todo mês mandava dinheiro para o sustento da família. Trabalhava seis meses seguido, direto, sem folga, de domingo a domingo, para dois de férias. Como os demais colegas asiáticos, dormia uma base de seis horas por noite e dividia com mais três uma cabine franciscana que ficava no primeiro *deck*, lugar grudado na água e onde o navio joga mais. A carga de trabalho era pesada. Ela precisava do emprego. Não demorou muito, trocamos endereço no *Facebook*. Temos nos comunicado com certa frequência. Ela teve uma filhinha. Levei um susto. Já está com quatro anos! Meu Deus, como o tempo passa! Há pouco me deixou muito emocionada. Foi dela a minha primeira mensagem de aniversário!

Não eram ainda oito horas da manhã quando, com um apito forte e longo, aquela esplendorosa e tão alva nave pediu passagem para ancorar de volta no porto de Miami. Final de mais um sonho, início do desembarque. Lá fora, o sol despontava consistente e quase maduro, prometendo mais um belo dia de verão. Lá dentro da embarcação, um movimento nervoso, um reboliço envolvendo passageiros de saída e camareiros em corrida contra o tempo para aprontar o navio aos novos hóspedes. O chinesinho do nosso *deck* me sorriu, trocamos um *bye bye* e um *thank you*. Estava com olheiras, fisionomia cansada, passou a madrugada carregando as malas até o porão de saída e agora tinha um pouco mais de uma hora para arrumar a cabine e entregá-la aos novos donos. Com os elevadores lotados, subi de escada até o bandejão e consegui acenar à Ary. Limpando as mesas, ela me sorriu e abanou.

Já em terra, agradecida e feliz, com o corpo bronzeado, descansada e restabelecida de todo estresse e cansaço, eu olhei, pela última vez, aquele magnífico transatlântico, que brilhava majestoso e sereno nas águas da Flórida. Lindo e grandioso demais! Eu percebi, então, naquele justo momento, que, como tudo na vida, sempre existem lados. Há sempre uma outra realidade que não se vê ou não se quer ver.

O presente da santa

A religião, em todas as eras, sempre norteou o caminho do homem em busca de paz, justiça e bem-aventurança. Nasci, cresci e me criei dentro dos preceitos da Igreja Católica e aprendi a cultuar a fé e a devoção ainda na primeira infância, em família. No jardim da casa da avó havia uma imagem da Nossa Senhora de Lourdes do tamanho de um adulto de estatura média. Minha mãe sempre conta que, ao nascer, minha irmãzinha ainda não havia recebido brincos de presente. Eu, então, no alto dos três anos, me estiquei e, na pontinha dos pés, fui até o ouvido da imagem e fiz o pedido. Naquele mesmo dia, com a primeira visita da tarde, chegaram os brinquinhos. A partir dali, peguei fama. Nossa Senhora e eu, em total sintonia, iniciávamos um feliz e duradouro relacionamento, sendo depois minha dedicação direcionada à de Fátima.

No centenário das Aparições de Nossa Senhora, em 13 de maio de 2017, eu estava em Fátima, com o Papa, assistindo também à canonização dos pequenos pastores Francisco e Jacinta. A procissão das luzes com as velas acesas e o andor desfilando na noite escura sob calorosos aplausos e chuva de rosas, ao som dos cânticos entoados pela multidão multirracial que se acotovelava na praça, tornou-se uma cena emocionante que trago, até hoje, impregnada na retina. Ano seguinte me vi às voltas com um pedido e me surpreendi ao prometer que, realizado, um dia, eu iria à

Fátima agradecer de joelhos. Estranhei meu ímpeto e determinação, mas com a expressão "um dia" relaxei, não havia data determinada, tudo ficaria por conta do acaso. E Portugal não estava em nossos próximos roteiros. Portanto, um dia...

As viagens começaram a acontecer num ritmo crescente, a frequência cada vez maior, principalmente as internacionais. Encontros com a filha estabelecida na Alemanha, congressos, jornadas técnicas, aniversários, enfim motivos não faltaram para a mala na mão. Também os destinos mais diversos foram escolhidos, fazendo um zigue-zague no planisfério. Itália, Croácia, Suécia, República Tcheca, China, Leste Europeu, Oriente. Num dos últimos deslocamentos, nas asas da Lufthansa, voamos a Istambul, na Turquia, até Israel, com escala em Paris. Eu achei um viajão. Em meio a tantas andanças, meu pedido à Nossa Senhora se realizou. Portugal, no entanto, continuava fora da nossa rota e, sem data definida para pagamento da promessa; não dei mais atenção.

Na volta, em casa, resolvi creditar as milhas, logicamente no *site* da Lufthansa. Sem esperar, me debato com aquele pavor. Tudo em alemão. Não falo, não escrevo e, muito menos, não tenho a mínima fluência. A caro custo, quase entrando numa crise existencial, troquei o idioma para o inglês e descobri, num cantinho da página, que a TAP era *partner* da Lufthansa, integrava também a Star Alliance e, portanto, para minha felicidade, estava habilitada a receber minhas milhas. Problema resolvido. Que sensação maravilhosa!

Meu tio, o diplomata, ao se aposentar, deixou suas funções no Itamaraty, fixando residência em Porto Alegre.

Todo ano, porém, retornava a Roma, passando longa temporada na Itália. Viajava sempre de primeira classe ou executiva e, nas últimas vezes, escolheu a TAP. Vindo a falecer, sendo eu sua única herdeira, solicitei ao advogado que incluísse as milhas dele da TAP no meu nome. O juiz liberou, a companhia teve que acatar, milhas creditadas.

Um belo dia, para minha total surpresa, recebo um *e-mail* da TAP me comunicando que eu tinha milhas a expirar e que eu deveria resgatá-las para não perder. Olhei de soslaio incrédula. Minha experiência com milhas não era das melhores. Uma vez precisei ir a São Paulo e a Gol exigia tamanha quantidade para um trecho tão curto que saiu mais lucrativo a compra de um bilhete normal do que aproveitar o benefício. De qualquer forma, fui à agência de turismo sem maiores pretensões, mesmo porque, naquele momento, não poderia nem pensava em me ausentar da cidade. A moça da agência entra no computador, clica daqui e dali e me abre um sorriso: "A senhora pode ir para Lisboa". Caí dura e preta para trás. "Como assim?", balbuciei em transe. "Não precisa ser agora. A senhora pode marcar o bilhete para mais tarde."

Uma viagem internacional com milhas! Bom demais! Nada de extraordinário, algo até comum, mas que me cobriu de sorrisos e gratidão. E, quando eufórica, eu alardeava a novidade à família e aos amigos, Zilda, a diarista e minha fiel escudeira há mais de uma década, cantou a pedrinha com precisão: "A Santa lhe mandou a passagem. A senhora vai ter que pagar a promessa."

Paguei. Meses depois, no Santuário em Fátima, de joelhos, agradecida e profundamente emocionada.

Entrega ao futuro

Depois da graduação em Administração e Ciências Contábeis no Brasil e trabalhar numa das gigantes multinacionais, denominadas Big Four, aquela menina mal saída dos cueiros, determinada, inteligente e corajosa, me passa na seleção para cursar o MBA na Erasmus University, dentro da Rotterdam School of Management. Assim, de repente, sem eu estar preparada, parte, dá adeus, deixa a casa em busca de seu sonho e sozinha, com uma força que admiro até hoje, estabelece-se na linda cidade holandesa. Nosso destino de férias, então, voltou-se à Europa dos países baixos, para matar as saudades.

As chegadas, os reencontros são sempre coloridos, cobertos de sorrisos e denunciados pelo brilho incandescente do olhar. No entanto, não há despedida sem tensão, dor de estômago, nó na garganta e choro.

Aquela manhã acordou fresca e pouco ensolarada, mesmo sendo alta primavera. Certamente a tarde prometia mais sol, com sorte, quem sabe, até calor, mas o tempo na Holanda não é dado a temperaturas altas e céu de azul diáfano, e em Rotterdam não seria diferente. Mesmo assim, com os holandeses e turistas ainda encasacados, já se respirava uma atmosfera de felicidade, uma energia rejuvenecedora, como se a chegada do verão extinguisse todos os problemas.

O almoço, programado num restaurante do centro, próximo ao mercado, converteu-se na melhor ideia para reunir alguns colegas do MBA da Erasmus e facilitar a nossa ida até o aeroporto em Amsterdam, partindo, de trem, de Rotterdam Central. Eu também teria a oportunidade de, mais uma vez, passear no arrojado e belo mercado, prédio em forma de ferradura, arquitetura contemporânea, com gigantescas flores, quase afrescos, pintadas nas curvas laterais da arcada interna. Além de um típico mercado de comidas, flores, grãos e variedades, extremamente limpo e organizado, abriga bares, restaurantes, lojinhas, oferecendo um ambiente alegre, ruidoso e festivo.

Fomos de táxi do apartamento dela até o centro. Para amenizar o nervosismo e a angústia, que se fazia cada vez mais inquieta, eu tentava respirar profundamente, falava e ria ao mesmo tempo, relembrava situações pitorescas que havíamos vivenciado durante aqueles dias. Segurei, então, forte a mão de minha filha, mas, exausta da dramatização, me esqueci de mim, ao observar a paisagem local, a limpeza das ruas, o intenso e estonteante vai e vem das bicicletas, que terminavam emparedadas num estacionamento de vários andares.

A chegada no restaurante aconteceu discreta, já que, conforme o planejado, as malas, minha e do meu marido, ficariam no *hall* de entrada, enquanto a mocinha iria encontrar os colegas que não via há alguns dias. O bate-papo, em inglês, não fugiu de amenidades e da preocupação com o mercado profissional. A ansiedade daqueles jovens para futuras e bem-sucedidas colocações era visível.

A rápida entrada no trem rumo a Amsterdam, sem dó nem piedade, indicou o término de mais um período rico de belas lembranças inesquecíveis aos três, bem como a clara certeza de que começávamos o caminho de volta para casa, somente os dois e, desta vez, sem ela.

No imenso e movimentado aeroporto de Schiphol, um dos maiores e mais agitados da Europa, o tempo passou rápido. Até que não deu mais para segurar o embarque. Chegara a hora do abraço apertado no pai, coração a coração com a mãe, os três juntos, fortemente enlaçados e úmidos de lágrimas. Doravante, com a proximidade do término do MBA, tudo seria incerteza, expectativas e sonhos. Nada mais se poderia fazer. E ela ali, tão linda, tão jovem, tão forte e meiga, sozinha, desgarrada, construindo, com coragem e galhardia, seu caminho no Velho Continente.

Quando o avião levantou voo e a cidade ficou lá embaixo a se perder de vista, eu, atordoada, sacudida e ferida, descobri que acabara de viver uma das mais ricas e significativas experiências que a vida oportuniza: a dor aguda do desapego, da entrega de uma filha a Deus e ao futuro na plena consciência de que filho é pluma que o vento leva, embala, faz piruetas, busca liberdade.

O quadro de Renoir

A primavera, como mocinha bonita e perfumada, alardeando alvissareira a chegada de dias quentes e muito azuis, tornou-se a queridinha do povo. Mas o outono, com as folhas cor de âmbar, desfalecidas no solo e desidratadas pelo sol do verão, traz a beleza serena e elegante, como de alguém sábio e compassivo. Eu aprendi a amar o outono em Roma, sonhando e me perdendo por entre os plátanos que se enfileiravam por toda a extensão do Lungotevere, lá para os lados da ponte Milvio. E a cidade eterna vestida de marrom se deixava acontecer variando tonalidades de ocre, alaranjado, algumas pinceladas de vermelho escuro. Era lindo demais!

Dois feriados em novembro, mais a filha concluindo o MBA na HEC – Haute Études Commerciales de Paris, Grand École em Jouy-en-Josas, motivos não faltavam para os pais-corujas visitarem a Cidade Luz. Tamborilava a minha mente a voz de Frank Sinatra cantando *I Love Paris* e exaltando sua beleza e carisma nas quatro estações. No outono beirando o inverno, eu imaginava a capital mundial da moda, dos perfumes, queijos, vinhos e história, mais séria, circunspecta, também com folhas derrubadas no asfalto, porém desprovida de sedução.

Ao desembarcar em Paris, fiquei simplesmente perplexa, em êxtase; não acreditava no que meus olhos insistiam em mostrar. A princípio levei por conta do cansaço da longa viagem transcontinental, da emoção do reencontro. Eu, simplesmente, acabava de encontrar uma Paris, em pleno outono, toda dourada! Não sabia se ria ou chorava, mas as árvores, em vez de amarelarem, como os plátanos de Roma, estavam majestosamente douradas. Douradas, repetia eu, incrédula, sorrindo de felicidade! O sol batia nelas de uma maneira tal que cada folha parecia um vidro de cristal tendo como única missão iluminar o mundo! Cidade Luz até durante o dia, pensei. *Paris c'est toujours Paris! La joie de vivre!*

Casamento e maternidade vivenciados um pouquinho mais longe do fulgor dos vinte anos, trouxe suas vantagens. A juventude custa a ir embora e, às vezes, nem vai quando se tem uma filha jovialíssima, plena de vida e entusiasmo, que nos põe para cima e, cheia de ideias novas e originais, sugere passeios realmente incríveis. Assim, nós três alugamos bicicleta, daquelas públicas, de colocar moeda para desprender do eixo central, e partindo do Trocadero, atravessando pontes e avenidas, pedalamos por entre calçadas cobertas de folhas até os jardins da Torre Eiffel, passando, inclusive, por baixo daquela surpreendente estrutura de ferro. Restaram memórias deslumbrantes que inconsciente nenhum consegue reprimir. Depois, para descanso dos guerreiros, nada melhor do que uma *happy hour* no doce embalo do Bateau Mouche.

Nem tudo pode ser distração quando se trata da França. Seu legado histórico e cultural à humanidade é incontestável. Devido a isso, preferimos beber água direto da fonte. Prédio do século XV, antiga estação de trem, às margens do Sena, o Museu d'Orsay, antigamente chamado de *palais*, é um dos museus mais importantes do país e possui um acervo invejável de obras de arte, estando ali representados os maiores artistas do século XIX e início do século XX. Meu marido não sabe, acho que até desconfia. Tenho duas paixões: Olavo Bilac, com os versos parnasianos, e as esculturas de Rodin. Naquela ocasião, ao me perder na observação dos blocos de mármore, tão estupidamente brancos, transformados em relíquias de beleza e sensibilidade, preciso confessar que fui muito infiel.

Pouco antes de fechar o museu, minha filha, verificando o catálogo, percebeu que ainda não havíamos visto os impressionistas no quinto andar. Corri até lá com ela. Os livros de história da arte, de repente, como que abertos, se descortinavam à nossa frente. Era uma aula ao vivo com Millet, Van Gogh, Renoir, Manet, Monet. Todos esses artistas, bem como suas obras, eu as conhecia somente impressas, muitas delas até sendo capa de compêndios ou mesmo acessando *on-line* plataformas especializadas em arte e nos impressionistas. Eu sempre tive um queda por Renoir. Mais um para a minha lista de amantes secretos. Quando chegamos diante do meu quadro preferido, *Le Bal du Moulin de la Galette,* e eu, encantada, com os olhos arregalados, sem pestanejar, esmiuçava tim-tim por tim-tim de cada pincelada na tela, minha menina deixou cair uma pergunta, mais uma exclamação: "Esse é o original, não é?!" Tomei um susto e dos grandes. Acordei de sobressalto. Tudo na França é original! E eu vivenciando a raríssima oportunidade, o privilégio de estar frente a frente com um Renoir original.

África do Sul

A vida gravita em constante mutação e acontece, cada vez mais, numa velocidade não esperada. Quando se vê, o inverno ficou para trás, o sonho realizado, as crianças cresceram, o tempo passou. E, embora se deseje ardentemente o futuro, nunca se está preparado para recebê-lo. Um belo dia, a filha liga da Alemanha e anuncia o namoro com um colega da empresa. Além dos adjetivos de endeusamento peculiares em todo o início de relacionamento, fui informada de que ele era africano, e da África do Sul. Imaginação sempre fértil, eu já estava incorporando a Katharine Hepburn recebendo Sidney Poitier no filme *Adivinha quem Vem para Jantar*, quando a mocinha me manda uma foto do casal. Pequena, olhos verdes, cabelos loiros caídos até os ombros, ela sorria de orelha a orelha com a cabeça mal batendo no ombro de um rapagão alto, simpático, loiríssimo e de olhos azuis. Como? A mãe, alemã nata, de Krefeld, perto de Düsseldorf, nos anos dourados da juventude foi fazer trabalho voluntário na África, conheceu e casou com um jovem inglês. O pai dele, hoje com mais de noventa anos, arquiteto e professor do Royal College of Art, em Londres, ao realizar um projeto no Continente Africano, se apaixonou pelo país, buscou a família e resolveu fixar residência em Franschhoek, pequena cidade na belíssima região dos vinhedos. Não demorou muito, veio outro susto. "Ele quer conhecer vocês e vamos a Porto Alegre passar Natal e Ano-

-Novo." Tive que agir rápido. Lembrei-me de meus tempos no cerimonial na prefeitura. Corri à empresa Picoral, especializada na fabricação de bandeiras oficiais. Quando o carro entrou na garagem de casa, havia uma bandeira da África do Sul pendurada na sacada. Ganhei o genro na chegada.

Primeira vez na América do Sul, era preciso mostrar ao moço um outro Brasil. *Revéillon* em Maceió, nas Alagoas. Verão no hemisfério sul, céu límpido, sol forte, mar de água morna, a vida se dividindo despreocupada e feliz, rindo à toa, entre a piscina do hotel e praia de areia branquinha enfileirada de coqueirais. Os passeios a pé na orla ou de jangada, as piscinas naturais, a magnífica passagem de ano tão linda, tropicalíssima, com samba no pé e muita alegria, fizeram do Brasil um país de sonho, portador das mais belas recordações. No ano seguinte, ficou estabelecido. Festas natalinas em Franschhoek, para conhecer a família dele.

Embora eu seja nascida e criada no sul e ter aprendido a amar o pampa, a água me fascina, me encanta, me puxa, exerce um poderoso domínio sobre mim. Tenho certeza ser filha de Iemanjá e sempre me pergunto, até hoje, se não houve erro de endereço no meu processo encarnatório. Eu deveria estar morando numa cidade à beira-mar. Lembro que, no final da adolescência, minha querida avó, ao se referir ao neto de uma de suas amigas, falava em tom de oratória: "Ele é estancieiro". Eu logo lhe respondia sacudindo os ombros: "Pouco me importa. Não gosto de campo." Por sua vez, o jovem casalzinho, com entusiasmo e brilho nos olhos, me contava sobre as terras africanas cultivadas e cobertas com parreirais, as vinícolas movimentadas sempre plenas de turistas, os belos e verdejantes campos que rodeavam toda a região de Franschhoek e Stellenbosch. Respirei fundo, arfei devagar. Estava bem arrumada. Festas de final de ano no campo! O que não se faz pelos filhos?

A África do Sul, banhada por dois oceanos, Atlântico e Índico, tem três capitais: Pretória, que trata da parte administrativa; Cidade do Cabo, da legislativa e turística; e Bloemfontein, da judiciária. As línguas oficiais são inglês, zulu, xhosa e africâner, mas estas três últimas não são de domínio público. Por ignorância ou mero desconhecimento, escolhi iniciarmos a viagem por Johannesburg, pensando ser a capital, porém, na verdade, é a maior cidade do país. Arrojada como toda grande metrópole, registra a história pungente do Apartheid e, no extenso distrito de Soweto, lar de Nelson Mandela e Desmond Tutu, mostra as marcas deixadas pela luta em prol da liberdade e igualdade do povo negro.

O avião estava perdendo altura para aterrissar em Capetown, na Cidade do Cabo, quando vislumbrei a famosa Table Mountain. Confesso que meu coração pulou descompassado e experimentei uma felicidade intensa. Em terra, tive que me render à beleza daquela cidade tão azul, alegre, à beira-mar, cativante e extremamente encantadora. Muito mais do que isso, exalava uma energia de jovialidade, uma vibração poderosa e contagiante de fé e alegria de viver. O Victoria & Alfred Waterfront, um dos pontos turísticos mais divertidos e famosos da localidade, além da espetacular vista das montanhas e do mar, acolhe em sua orla restaurantes, lojas, teatros, apresentações musicais, fora os turistas de todas as partes do mundo. No *boulevard* da praça central, a homenagem a quatro prêmios Nobel da Paz conferidos à África do Sul: Nelson Mandela, Desmond Tutu, Albert Luthuli e F. W. Kleker. É uma verdadeira festa de sons, beleza natural e união de raças. Lindo demais!

Após uns quarenta minutos de carro partindo da Cidade do Cabo, numa estrada asfaltada e muito bem cuidada, atravessando uma paisagem de rara beleza, com campos verdejantes iluminados de sol e ladeados por montanhas que pareciam contrafortes da Serra do Mar, no sul do Brasil, chegamos a Franschhoek. A cordilheira, aquele correr de rochas, emanava tamanha vibração ao longo do percurso, que me deixou atônita, sem saber o que fazer. Foram poucos os lugares em que senti uma carga de energia tão forte logo de início e aquele interior da África do Sul tinha sido um desses. Aquelas terras possuíam algo de especial que eu não conseguia definir, a não ser me trazer um sentimento de plenitude e bem-aventurança. Não demorou muito chegamos ao restaurante onde toda a família, em uma mesa redonda com umas quinze pessoas nos esperava para almoço. Domingo de céu de um azul puríssimo, sol dourando a tarde de verão e os campos cultivados e multicoloridos repletos de flores era um cenário que ganhava da mais primorosa produção de Hollywood. Quando a mãe do moço, assim que me viu, de braços abertos, disse alto e de bom som o meu nome precedido por um entusiasmado *welcome*, eu juro, senti anjos no ar.

Quanto mais eu andava, mais me surpreendia com a beleza da região, os campos da África do Sul que relutei tanto em visitar. As vinícolas não são casas de pedra como as construções da colonização italiana do século passado, no meu Rio Grande do Sul. Pelo contrário, batem qualquer *maison* da Europa em extensão e luxo. Decoradas com extremo gosto e requinte, transformam-se em verdadeiras galerias de arte, onde se pode degustar um dos melhores vinhos do mundo.

De vinícola em vinícola, ou nos passeios mostrando as belezas da terra natal, o rapagão se desdobrava em atenções. A filha, já adotada e benquista pela nova família, perambulava entre a parentada com desenvoltura, leve e solta, como pertencente há muito tempo ao clã. Um novo futuro se avizinhava; só não via quem não queria.

O retorno sempre chega quando menos se espera. E eu, ali no maior idílio com a natureza sul-africana. Voltamos os dois ao Brasil. O casalzinho ficaria mais tempo pegando sol, curtindo amigos e a família, aproveitando as benesses do verão antes de voltar ao inverno na Alemanha. Fomos todos juntos ao aeroporto. Na derradeira despedida, o genro me deu um sorriso triste sem mostrar os dentes, me enlaçou e me estreitou em seus braços fortes e musculosos. Senti seu coração pulsando no compasso do meu. Agora éramos quatro.

Descuido

Houve falha. Não resta dúvida que houve
uma falha. Ainda não sei
se na descida ou já a caminho. Impossível acreditar
que Deus não tenha visto, nem tampouco previsto
tamanho descuido.

Vivo de sol, da luz do verão, dos orvalhos da primavera!
Me alimento de encantamento!
Me renovo junto às
praias, na latitude do Equador, que nas noites de lua
atiram para o céu os pirilampos
para brincarem de esconde-esconde com as estrelas!

Sou essa folha de plátano de um outono qualquer,
desgarrada, livre e alada!
Sou alma lavada, alva, sem paradeiro, sem raiz. Sou travessa,
alegre, pueril. Sou ânfora abarrotada de amor.
Sonho de olhos abertos. Ah, como sonho!

Houve falha, sim. Só pode ter sido um descuido!
Qual foi o anjo assim tão desatento
que se esqueceu de me largar nos braços do vento?
Aliás, não me pareceu celestial, até bem profano. Nada,
nada mesmo me perguntou... e
me aprisionou, até a morte, num corpo humano!

* Poesia publicada no livro *O Vento da Aurora*, da Editora AGE.

Tempo

Dizem que as marcas do tempo
as trago nas rugas do rosto,
nos olhares distantes... perdidos,
em memórias amareladas,
deitadas sobre sonhos,
hoje... já tão esquecidos.

O tribunal da vida não perdoa,
cedo ou tarde, nos pede as credenciais,
o que foi feito neste tempo
que se ganhou de presente
e não volta nunca mais.

Na música que impulsiona os dias,
executada sempre em *allegro vivace,*
soma e psique rodopiam enlouquecidos
na busca desenfreada por excelência.
Nem mais percebem
que é na solidão do inconsciente
que repousam todos os tempos da existência.